孩子不仅给我们带来了快乐，
更重要的是他们把我们重新引入真、善、美的世界

立 品 图 书 · 自觉 · 觉他
www.tobebooks.net
出 品

华德福
三部曲

01

华德福
教育之旅

世界华德福见闻录

黄晓星 著

海天出版社（中国·深圳）

图书在版编目（CIP）数据

华德福教育之旅 / 黄晓星著. -- 深圳 : 海天出版社, 2017.5
（华德福教育系列）
ISBN 978-7-5507-1953-8

Ⅰ.①华… Ⅱ.①黄… Ⅲ.①儿童教育—教育模式—教育研究
Ⅳ.①G61

中国版本图书馆CIP数据核字(2017)第075675号

华德福教育之旅
HUADEFU JIAOYU ZHI LÜ

出　品　人　　聂雄前
责任编辑　　陈　军
特约编辑　　钱　健
责任技编　　梁立新
封面绘图　　任卓鹏
封面设计　　尚上文化

出版发行　　海天出版社
地　　　址　　深圳市彩田南路海天综合大厦（518033）
网　　　址　　www.htph.com.cn
订购电话　　0755-83460239（批发）0755-83460397（邮购）
排版设计　　九章文化　　Tel：010-82116993
印　　　刷　　三河市华晨印务有限公司
开　　　本　　889mm×1194mm　　1/32
印　　　张　　6.75
字　　　数　　132千
版　　　次　　2017年5月第1版
印　　　次　　2017年5月第1次
定　　　价　　39.80元

目 录

CONTENTS

澳大利亚华德福学校

序言：寻求教育之旅

华德福教育的理念来自鲁道夫·斯坦纳创立的人智学。他在《自由的哲学》一书的前言里写道："**人智学是一种可以帮助个体从个体的精神出发，找到通往宇宙的精神的途径。通过这种途径，个体学习人智学就不会盲从，也不会盲目拒绝。当个体有内在需求，就能在内在跟这个需求产生共鸣。**"

我在读大学的时候就有一种强烈的内在需求，使得我无法专心攻读自己的专业。其实，我不知道自己的需要是什么，只是知道自己的内在缺失了一些东西。当时我有被抛弃的感觉，严重缺乏生活的方向。很多同学把找什么样的工作，如何赚钱作为生活的方向，对我来说，那只是谋生的方向。我非常渴望找到一个生活的方向，为精神困境寻找出路，赋予生活某种意义。

在大学里，我"不务正业"地读了社会学、经济学、心理学、人类学、哲学和宗教学等类书籍。几乎每个星期天我都去外国老师家里参加聚会，并给老师做翻译，因为翻译而接触到不少基督教徒。我看到身边很多年轻的学生都成了基督教徒，我为他们找到了自己的信仰而高兴，向他们表示自己现在还未成熟。我不是怀疑上帝和精神世界的存在，而是宗教未能跟我的内在需求产生共鸣。那时，比较清楚的一点是：**我在寻找自己的信仰，但不是宗教。**

在过去的十几年里接受的学校教育，我也许可以学到一些知识和技能，或得到一张文凭以便谋生，可是，这未能改变我的生命轨迹，也未能让我完全走出精神的困境。不经意中，也许是命中注定，我遇见华德福教育和人智学。后来我对教育有了新的认识："**教育如果不能让人的心灵丰富，找到通往宇宙精神的途径，充其量也就是学习一些二手知识，以便日后谋生而已。**"这种教育的直接结果是无论生计是否有着落或富足，生活依然贫乏或空虚。

我跟华德福教育结缘于1994年夏天。来自澳大利亚的本杰明和唐老师在成都旅游，来到我和张俐经营的西餐厅。我们一起聊天，就如往常跟来自世界各地的游客一样自如。当聊到精神上的困境时，我们聊得很投机。他们邀请我们去茶馆喝茶，专心聊一聊。于是，第二天，我们在府南河边的一家茶馆聊了一个下午的人智学和华德福教育。那是我第一次听到人智学和华德福教育。通过和两位老师的交流，我对人智学的理念与精神产生了共鸣，以致我决定去英国继续学习。

第二年秋天，在本杰明和唐老师的推荐下，我得到基金会的资助，去英国的爱默生学院学习人智学，接着学习华德福教育。两年之后又去了美国春之谷继续学习华德福教育，接着在那里工作了六年，直到2004年回国。也就是说，我在国外学习和工作了将近十年。这十年的经历，使我有脱胎换骨的感觉，更加确信华德福教育是我跌跌撞撞中迈向现代最需要的教育之一。

从我1997年第一次被邀请去印度参加亚太地区第一届人智学和华德福教育大会开始，借助开会的方便，我便陆续参观和访问了很多华德福学校。亚太地区早期的传播者都是我学习的榜样。我在2004年回国创办中国大陆第一所华德福学校和幼儿园，获得来自全世界朋友的支持，并与他们建立起了很多交流的关系，由此访问了欧洲很多学校。

"读万卷书，行万里路"是中国古人的一种求知模式，亦是古人自我修养的途径。我在学习人智学和华德福教育的同时，也是在寻找自己的价值和意义，和古人相比，我只是读了一些书，也走了一些路。

斯坦纳一百多年前创办的华德福教育的目标就是帮助孩子更好地进入生活，探索自己的生活方向，踏上生命的自由之旅。这种教育要求教育者把学校当成自己生命的一段旅程，在学校教育中护送孩子迈向自由之旅，同时自己也走过一段非常丰富、有意义的自由之旅。教育便成为生活的一部分，也成为一种生活方式。

英国爱默生学院

第一章

教育之旅起航于英国

英国爱默生学院

1. 英国使华德福教育走向世界

连接时代精神，给年轻人一条通往精神的路径，并为积极的精神生活提供一个可以付诸实践的地方。

德国是华德福教育的发源地，英国则使华德福教育走向世界。英国在全球的华德福教育运动中扮演着重要的角色。英国率先把华德福教育德文版书籍翻译成英文，并通过这些书籍将华德福教育迅速地传遍世界。

1922 年，鲁道夫·斯坦纳在英国牛津大学做了一场关于教育的演讲之后，华德福教育就开始在英国传播。1924 年，他在英国又作了一系列的重要演讲，演讲内容被汇集成书并出版。其中《童年的王国》成为所有对华德福教育感兴趣和从事华德福教育者的必读书之一。英国第一所华德福学校也于 1925 年在伦敦郊区建立，并在第二次世界大战后搬到了苏塞克斯郡的弗瑞斯特，也就是现在的迈克尔·霍尔学校。

英国的华德福学校联盟为了学校的自由和独立，不愿在课程和大纲上与教育部门妥协，所以英国的华德福学校一直得不到政府的资助，纯粹靠社会力量来支持办学。尽管这样，一些英国的华德福学校在收费标准上，仍然会让家长根据自己的收入水平自愿支付学费或免费入学。

英国爱默生学院于 1964 年开始在迈克尔·霍尔华德福学校的小木屋里培训教师，当时有 50 名学生学习人智学基础课程，25 名学生学习教师培训课程。之后，他们购买了与学校相连的一个农场，教师培训中心逐渐发展为独立的学院。学院扩充了很多课程，包括生物动力农业和农村发展、雕塑、绘画、视觉艺术、演讲、戏剧、韵律舞、三元社区、社会发展中心。后来，又添加英国语言、英文写作、讲故事和自传等短期课程。在 1984 年到 1985 年期间，英国爱默生学院在校的全日制学生达到 300 多人。

英国爱默生学院由俄罗斯学者弗朗西斯·埃德蒙和伊丽莎白·埃德蒙夫妇，以及约翰·大卫创办。他们以美国思想家、文学家拉尔夫·沃尔多·爱默生（1803～1882）的名字命名。爱默生是美国文化精神的代表人物，亚伯拉罕·林肯称他为"美国的孔子""美国文明之父"。以爱默生思想为代表的超验主义是美国思想史上一次重要的思想解放运动，被称为"美国文艺复兴"。超验主义强调人与上帝间的直接交流和人性中的神性，具有强烈的批判精神。在 1962 年，弗朗西斯成立爱默生学院时，想必是看到了时代精神的需求。

弗朗西斯特别理解当时的美国青年人，特别是美国反文化和嬉皮的一代人。他看到这些年轻人正处于困惑的年龄阶段，同时也正处于精神觉醒状态，但是物质主义的盛行和技术的快速发展，阻碍了年轻人的精神连接。他觉得想要连接时代精神，必须给所有这些年轻人一条通往精神的路径。他坚信基于鲁道夫·斯坦纳提出人的身、心、灵和精神的教育，通过华德福教育方式帮助年轻人跟时代的精神连接起来。看到了这些年轻人的需求后，弗朗西斯夫妇和约翰创立了爱默生学院，为积极的精神生活提供一个可以付诸实践的地方。

爱默生学院不仅仅是一所英国的学院，也是一所世界性的学院。从创办以来，一直都有来自世界各地的学生。开始时，学生主要是来自英语国家，后来迅速传播到非英语国家。这所学院的许多毕业生，正是目前在世界各地的学校、农业、社区、艺术、企业等人智学领域起领导作用的先驱者。

大多数学生来到学院的时候，并不是直奔某个特定的课程而来，而是首先参加人智学基础课程，帮助他们寻找自己。他们会研究自己是谁，自己生活的意义是什么，使命是什么。每个学生经过一至三年不等的课程时间，学习许多不同的学科体验，包括艺术活动、手工艺创造、人智学以及哲学研究等，他们的内心也会随着经历而成长，并发生变化。学习结束后，学生们个个"两眼放光"，容光焕发。学生们大多会有一种脱胎换骨的感觉，知道如何再次进入生活并接受来自生活的新挑战。

我能在 1995 年进入爱默生学院学习，也响应了时代精神的呼唤。当时我没有家庭的资助，只能依靠奖学金和勤工俭学。爱默生学院在 20 世纪 90 年代正处于蓬勃发展时期。

1993 年，一位来自德国的老太太参观了爱默生学院后，看到爱默生学院培养出了全世界人智学各领域的很多领头人，她深受鼓舞，于是捐了一笔钱给爱默生学院设立奖学金。这笔钱每年的利息就足以资助三名学生一年的学费和生活费。当时，我幸运地成为这三名学生中的一个。

2. 英国的同学

　　无论何时都不能忘记自己的使命。天堂或地狱，只在个人的一念之间。

　　1995年我去英国留学的时候，国内正播放电视连续剧《北京人在纽约》。这部电视剧的开头有这样一段话："如果你爱一个人，就送他（她）到纽约去，因为那里是天堂；如果你恨一个人，就送他（她）到纽约去，因为那里是地狱。"有一次，我打电话回国时，朋友问我的第一句话就是："英国是天堂还是地狱？"那时我刚到英国，实在不知道怎么回答，只好说："这里什么都比我想象中的好，就是吃得特别糟糕。"后来才发现，英国和纽约一样，既是天堂也是地狱，天堂和地狱之间没有中间地带，人的一念之差就会进入其中的一个世界。

当我到达英国机场时，口袋里只剩下借来的 175 英镑，坐巴士花去 15 英镑，坐计程车花去 29 英镑，第二天在当地警察局报到登记时又用了 30 英镑，最后只剩下了 101 英镑。连购买回程的机票钱都不够，我无论是进了天堂还是到了地狱，都没有了回头路。我看着手中剩下的 101 英镑，不得不从油画般的英国乡村和艺术天堂的学校生活的陶醉之中清醒过来，经济压力成了困扰我学习的问题，有种掉进了地狱的感觉。

意识到困境之后，我开始到处找工作，整天心猿意马，上课走神，无法完全融入学校生活，感觉自己好像变成了一个局外人。耳边总是回旋着齐秦的歌："外面的世界很精彩，外面的世界很无奈。"

老师很快注意到我情绪的低落，并找我谈话。我以为他们是帮不了我的，因为学校已经免了我的学费，又有基金会给我提供住宿费，我不该再有什么要求了。所以，我不愿意透露真正的原因，但又对老师的好意感到不安，只好用第一次出国还未习惯作为借口来搪塞他们。

就在这时，朱丽向我伸出了温暖的手。朱丽来自英国，和我同龄。金色的头发闪着迷人的光泽，蔚蓝色的眼睛好像会说话，脸颊上的小酒窝时隐时现。轻盈的步伐，匀称的身材，显示出学舞蹈艺术的人特有的气质，实在是一个非常迷人的女孩。朱丽曾经在美国学习了五年的韵律舞，现在来这所学院进行三个月的短期培训，目的是在华德福学校教韵律舞。朱丽去美国留学是因为与曾经恋爱了七年的男朋友分手了，回到英国是因为与分手五年的男朋友又重归于好了。

她的男朋友阿伟是香港人，对华德福教育和人智学没多大的兴趣，因此朱丽和阿伟不能谈的东西都跟我谈了。朱丽不仅熟悉我的广东味英语，对我的苦闷也非常理解。当她知道我的困境后，总是想帮我。阿伟有两家餐馆，朱丽便介绍我到他的餐馆打工，可惜餐馆离学校有两个小时的车程，只好作罢。后来，她又想到一个帮我的办法，让我每周教她三个小时的广东话。

有一个周末，我们开车到山上，把车停在一边，一边散步一边学习广东话。这里本来是英国皇室打猎的地方，方圆有几百公顷的森林，森林里还保留着几栋打猎时用作休息的别墅。这一带历史古迹不少，我们甚至根据地图找到了罗马帝国占领英国时建的罗马古道。

那天，朱丽告诉我她和阿伟的故事，那是一个非常动人的爱情故事。这个爱情故事，至少可以拍一部三十集的电视连续剧。通过朱丽的描述，我对阿伟有了一个比较清晰的印象，非常想认识他。当然，我也把自己在广东农村成长和读书的童年生活，以戏剧化和童话化的方式来娱乐她。朱丽说，从阿伟那里也听到过类似的童年故事，她甚至觉得我和阿伟是同一个灵魂在不同的躯体中。

后来在学校的一次公开活动中，朱丽把阿伟带来与我结识。那天下午，学校安排志愿者到农场去体验生活。到农场去工作对很多西方人来说也是一件很新鲜的事。华德福教育非常重视农艺，在学校里开设了农业和农艺专业课。为了实践斯坦纳提出的结合教学的生物动力农业，学校买下了这个农场。这个农场生产的自然环保农产品，被低价供应给学校的师生和社区里支持生物动力农业的人士，所以农场也是一个教育基地。

我和阿伟一起跟着拖拉机在地里捡洋葱。

阿伟说："如果我妈知道我今天把生意放下，来这里捡洋葱，她肯定会说我'痴线了'（神经病）。"我说："如果我告诉家里人，到地里捡洋葱也是我留学的课程，他们肯定也无法理解。"

"也许是西方人离开土地太久了，现在他们需要与土地连接才能感觉到生活的真实性。如果西方人也像我父母在香港那样干农活，估计下一辈子做梦都不敢梦到'农'字了，我就是为了脱离'农'而来到英国的。"他说。

我也有同样的感慨："我也在农村长大，我的父母也是天天鼓励我好好读书，争取脱'农'，当时我也恨死了农业。但是我现在发现农村的生活非常丰富，小时候贴近自然，其实是最好的教科书。这就是为什么华德福教育中要突出农艺课的重要性。"

那天下午我和阿伟一见如故，谈了很多，我们用广东话聊天，把朱丽抛在一边，直到她"吃醋"时，我们才意识到不应该只讲广东话。

几天之后，朱丽又给我讲起她和阿伟的往事。我问她："阿伟对人智学和韵律舞都不感兴趣，你是否觉得和阿伟之间存在距离？"

"不是的。我们在分手之后的几年中，各自在不同的经历中成长了，我们希望能了解对方的心路历程。其实，我在帮助他读人智学的书，希望有一天他能够理解我。"

"那你们是如何重新走到一起的？"

"这是我妈妈的'过错'，去年我从美国回来参加我妈妈朋友的婚礼，我妈妈安排我和他坐在一起。这是我们分开五年之后的第一次见面，我发现他已经不是五年前的他了，所以……"

"如果他经营餐馆,你还能教韵律舞吗?"

"他保证,如果我跟他结婚,他就把餐馆卖掉,远离那种没白天没黑夜的日子。"

"他会放弃吗?花了那么多的时间、精力和心血,也克服了不少困难才把生意做到今天,你现在叫他放弃,容易吗?"

"我知道他在英国能走到这一步很不容易,也有很多人像他那样经过拼搏,最终都很成功,但是不能说明他就比别人能干,做大部分人做不到的事才说明他有智慧,否则就是'放弃',放弃比追求难得多,我想他也明白这一点。"

"说来好笑,你要阿伟放弃餐馆,而我刚在中国卖掉我的餐馆来到这里学习人智学,现在又要去餐馆打工,你不觉得我太滑稽了吗?"

"同样是在餐馆,你以前是为了生计而工作,现在你是为了生活而工作,不是吗?"

"你怎么知道我是为了生活而工作的呢?"

"这是我从学习人智学中得到的启发。"

"其实，我只是身不由己地在地狱门前徘徊而已！"

"说明你已经在天堂里生活了，因为天堂和地狱之间没有中间地带。你要知道，来这所学校读书和教书的人都是注重精神生活的人，甚至'死去的'灵魂都会在这里复活。"

"为什么这么说？"

"你知道有多少像你那样徘徊的人来这里念书吗？每个人都有自己的'地狱'，你有在体验吗？"

"别的同学一到周末就可以在草地上晒太阳，而我却要到餐馆里端盆子、洗碗，为什么我要来承受这种苦难呢？"

"在草地上晒太阳的同学有别的功课要做，我的功课和你的也不一样，这也是想成为华德福学校老师的人要做的功课，在低潮的时候，也许是考验你是否清楚自己在做什么。**无论何时都不能忘掉自己的使命。想进'天堂'或者'地狱'，只是个人的一念之差。**"

3. 在苏格兰的华德福学校实习

只有在教学和生活中掌握节奏和韵律，才符合孩子的身、心、灵和精神的整体健康。

华德福教师培训课程中有大量的教学实习，但不同的培训学校实习的课时长短不一。从第二年开始，我们就分阶段去学校实习，除了极少的几个同学出国实习外，大部分同学去了分布在英国的二十几所华德福学校。由于爱丁堡华德福学校有一定的历史，并有许多经验丰富的老师和成熟的管理体制。在第一个实习阶段，我选择了去苏格兰爱丁堡华德福学校。

听说苏格兰很冷，来之前也有所准备，不过那天却不是很冷。一出火车站，就有一位中等身材的中年妇女迎上来，自我介绍说，她叫维奇，是爱丁堡华德福学校三年级学生的家长，是专门来接我的。我环顾四周，人群中也有不少像我这样的东方人，便惊奇地问她如何知道我就是她要接的人。她笑着说："凭我的直觉。"她又说："因为今天学校在召开一个特别会议，三年级的班主任便让我来接你。"

一路上，维奇像导游那样给我介绍爱丁堡："街道上铺的鹅卵石已有几百年的历史了，左边是圣彼得教堂，右边是爱丁堡城堡，有空你一定要去看一看。"我们的车在不太宽敞的街道上穿行，两旁维多利亚式、佐治亚式的古老建筑和哥特式教堂雄伟壮观，这里飘溢着浓郁的苏格兰文化韵味。

很快，我被带到一所很漂亮的公寓，维奇说："这是学校一位音乐老师的家，但是他很少来住，所以，他让你在实习期间居住。"她一边说一边从包里拿出一些黄油、面包、乳酪和一碗鸡汤，说是为我准备的晚餐和明天的早餐。我连声感谢她，她说着便告辞了。窗外已是一片漆黑，苏格兰寒冷的风呼啸着，我却感到一阵阵的暖意。

第二天一早，我就到学校去了。和很多建立在农村或郊区的华德福学校不一样，爱丁堡华德福学校坐落在市区里，学校由三座大洋房构成。这三座洋房的前庭和后院连在一起，构成一片很大的空间，新建的大礼堂坐落在这三座洋房的中间。据介绍，这些房子都是热心于教育的人士捐赠的。英国的华德福学校属于私立学校，没有政府的财政资助，靠的是民间力量，而这些学校都是属于公益事业，学费收入和社会募集的资金都用于学校的开支和发展，没有利润、奖金和分红。

进入办公室，几位教师热情地向我问候并给我介绍各种各样的事情，我很快感觉到已经融入他们中间了。办公室里没有奖状或排名板之类的东西，四周都是摆满书的书架，书架的低层是壁柜，给老师存放一些个人用品。办公室的中间只有两张办公桌，但上面没有学生的作业本、试卷，只有几份摆放整齐的当天报纸。老师的办公室几乎都是在教室里或者图书馆里。

八点一刻左右，老师们基本到齐，有一位老师在桌子上轻轻地点燃蜡烛，他们围着桌子站立肃静片刻，一位老师开始朗读一首斯坦纳写给教师的诗。短短的几分钟晨会仪式给人一种严肃、神圣的感觉，目的是让老师们不断地提醒自己——老师是人类灵魂的工程师。

我的指导老师是麦克伦女士，麦克伦女士已在这所学校任教十六年，她最初专教德语，后来担任班主任。她已经带一个班（从一年级到八年级）毕业了，现正在带第二个班。在华德福学校里，班主任带班和教语文、数学、历史、地理等重要的课程，目的是给孩子一个安稳的环境以及让老师能够深入地了解每一位学生。

当我走进教室时，孩子们都惊奇地上下打量着我，麦克伦女士给孩子们介绍说："这是黄先生，他来自地球的另一边——中国。往后的四个星期，他都将和我们在一起，黄先生会教你们讲汉语和唱中国歌。"孩子们掩饰不住他们的喜悦，齐声欢呼"Yes"。

第二天早上，我提前来到教室，早上灿烂的阳光从窗外直射进来，教室里显得明亮和温暖。几天的阴天和小雪之后，温暖的阳光给教室带来了喜气，孩子们似乎比前几天更活跃了，有几个孩子坐在桌子上用脚使劲地敲打着桌子，有几个孩子在教室里互相追逐，还有一些孩子三五成群、叽叽喳喳地谈笑，一共才二十三个孩子的教室简直像个大集市。我没法融入他们的打闹，便在一旁欣赏他们挂在墙壁上的作品。那些水彩画都没有线条，也没有形状，只是纯色彩，而且一般只有红、蓝和黄三种基本颜色，但那些和谐、流畅的色彩给人无限的想象空间。

上课铃响了，麦克伦女士走进教室，孩子们立刻回到座位上。她分别和孩子们握手，并看着他们的眼睛问候，不时表扬一下孩子的衣着，或问候一下他们的宠物以及父母。之后她立正站在黑板前，双臂交叉在胸前，孩子们也跟着麦克伦女士做，站在自己的桌子前。肃静一会儿后，麦克伦女士用目光示意一个叫海伦的女孩，点燃在角落桌子上的蜡烛，又沉默了一会儿后，他们齐声朗诵了一首每天早上都要念一遍的晨诵：

The sun with loving light

Makes me bright each day

The soul with spirit power

Gives strength onto my limbs

In sunlight shining clear

I reverence, Oh God

The strength of human kind

Which thou have so graciously

Has planted in my soul

That I with all my mind

May love to learn and work

From thee stream light and strength

To thee rise love and thanks

太阳以那充满爱的光

照耀着我每一天

灵魂以心灵的力量

充满我的躯体

伴随着我成长

啊！崇敬伟大的造物主

在灿烂的阳光下

你已把人类的能量

和蔼地注入我的灵魂

使我尽心尽力

热衷学习和工作

由你带来光和力量

为你涌出爱和感恩

　　念完晨诵之后，麦克伦女士又示意海伦把蜡烛吹灭。接着，做绕口令和演说练习，以及朗诵几首著名的诗歌。大概进行了半个小时之后，紧接着是做游戏。孩子们围成一圈沿着顺时针踏步，一边踏步一边数数，前进七步，倒退一步，进六步退两步，进五步退三步，这样以八步为基本节奏不断地循环。在倒退的同时拍掌，退一步拍一掌，退两步拍两掌，退三步拍三掌。反复几次之后，麦克伦女士又要求孩子们不出声只踏步。又几次之后，麦克伦女士便要求孩子们站立不动，闭上眼睛顺着节奏默默地"走"两圈。这时，只能听到孩子们的呼吸声。

　　游戏结束在孩子们最安静的时刻，孩子们原地坐下，麦克伦女士开始讲这三个星期的主题课，课程是以《圣经》中的故事为主题，根据故事内容和人物形象来绘画，音乐老师会教一些希伯来语歌。

根据九岁孩子的意识发展规律把《圣经》的故事安排在三年级。九岁的孩子最明显的变化就是个体意识开始萌芽，他们开始以一种不同的眼光来观察世界，通过《圣经》中的故事不但能给孩子高尚的启示，寻找生命与文化的根源，而且能够回答孩子：自己是怎样来到这个世界。

过了几天，我便开始了第一次实习教学。那天，点蜡烛和朗诵诗等例行仪式都很顺利，然后教孩子们唱一首中国民歌。开始时，孩子们很兴奋，但不久就有一些孩子渐渐失去兴趣，也许是语言的原因。当我发现有些孩子开始搞小动作时，立刻停止唱歌而展开游戏活动。我带领孩子们做一个有关工人劳动的游戏，或许是他们刚学完采矿的主题课，这个游戏把他们可乐坏了，几乎停不下来。在我发现自己逐渐失去控制时，正好到麦克伦女士上课的时间。当然，麦克伦女士不用花多大的功夫就恢复了教室里的秩序而开始上课。

放学后，麦克伦女士给我做辅导工作，她说她和孩子们都喜欢我做的游戏，并能跟从我的节奏，孩子们没有不习惯的感觉。我正感到高兴的时候，她给我指出说："但要注意收与放的节奏关系，你做的游戏只有放没有收，最后他们有飘飘然的感觉，所以你几乎失去了控制。收与放就像呼吸那样，如果只有呼而没有吸，是不行的，下一次请注意我是如何掌握收与放、呼与吸、动与静的节奏和韵律。只有在教学和生活中掌握节奏和韵律，才符合孩子的身、心、灵和精神的整体健康，并且孩子们所学到的知识才能深入潜意识中。"

我顿时有茅塞顿开之感。我也注意到，在学校的课程安排中，不但每天都有收与放、呼与吸、动与静的交替，而且在一个星期中也会突出一天收、一天放的节奏；甚至在主题课的课题安排上也注意到这种规律。课程安排符合人的生理节奏，这在幼儿时期尤其重要。因为孩子对知识的接受有吸收和消化的过程，如看书、听故事，就是和写作、绘画相对应的一进一出的过程。这个过程应该像心跳的频率或正常呼吸那样有规律才能自然地进行下去。春天是万物生长的季节，孩子显得比冬天更好动、更调皮，这是符合自然规律的。那么，春天的课程就应该多安排一点身体参与、外向型的活动，如农业、采矿、地理和机械等课。在这四个星期的《圣经》故事课之前，有三个星期的主题课是采矿，《圣经》故事课上完后安排的主题课则是建房屋，这样体现了在大节奏里也有小节奏。

有一天，麦克伦女士让我自己带学生画水彩画。我牢牢记住麦克伦女士强调的节奏，在第一部分的课前练习中尝试使用了一些掌握节奏的方法后，就不像以前那样有失控的感觉。但是在开始画画的时候，本来喜欢画画的艾美丽就是不愿意动手画，她坐在那儿发呆，我劝她几次，她也无动于衷。于是，我请麦克伦女士做她的思想工作，后来，她勉强地拿起笔来画。

那天我们绘画的主题是用两种颜色画一只狮子，结果她画的狮子像一只熟睡的猫。我知道她可以画得很好，我想她是有意和我作对，所以我有点生气地对她说："艾美丽，你的猫睡着了。"艾美丽说："不对，黄先生，波比今天早上死了，它还在我的床上躺着。"她说完就流泪了。我为刚才不知道艾美丽不想画画的原因，也为不明白她那不平常的画而感到非常内疚，希望我没伤害到她。为了弥补过失，我买了一张画有猫的油画送给她。自此以后，我经常听到艾美丽讲她那可爱的波比的故事。

放学后，麦克伦女士例行给我做辅导工作。她说："作为华德福的老师，不是评定学生的作品好与不好、像与不像那么简单。面对孩子的画，就是面对着孩子的内心世界和感受，老师的语言与行为稍不留意就可能会伤害到孩子的感受。孩子的感受可能就会在他们的画中出现。无论孩子画得如何，都是表达了孩子的内心世界，画得不好是技术问题，跟艺术的关系不大。老师要学会通过孩子的画来欣赏和观察孩子想表达些什么，老师要不断地鼓励孩子，只有这样才能更进一步理解孩子。"

我又一次有了茅塞顿开的感觉，觉得在这里有学不完的知识。华德福教育通过研究孩子绘画来认知人的成长过程，这种做法很实在。因为孩子早期对整个世界的描绘，就显示出他成长的切身体验。但是，孩子画出来的画，也显示出他对于实际生存环境缺乏意识。

如果只是考虑整个解剖学与生物学的细部架构，而不去理解孩子的内在知觉的互相矛盾，研究孩子绘画将变得毫无意义。

爱丁堡华德福学校老师的那种敬业和献身精神给我留下了深刻的印象，他们不用备课教案讲课，所讲的内容好像都是自己的知识，没有给人照本宣科的感觉。四个星期的实习使我进一步理解了华德福教育的精神。为了准备一个小时的课，常常需要花费我整个晚上的时间。当时我就意识到，想要成为一名华德福学校合格的老师，我还有一段很长的路要走。

4. 我的华德福老师

在爱默生学院华德福教育的教师培训中，有一门课叫"自我发展"。这门课完全取决于个人如何发展自我，在书本上是找不到标准答案的，只能在具体的工作和生活中去感悟，认识老师和学生应建立起来的精神层次的关系。只有建立这样的关系，老师才有可能真正地了解学生，知道如何与学生进行心灵沟通。教学和处理孩子的问题就是老师发展自己的载体，老师把学生的成长和问题带进自己本能的生活中去，学生的成长过程就成为老师帮助自己实现内在的成长和完善的过程。没有任何一本字典能给老师这种活的知识，它只能渗透到可塑性的行为和活动中去了解。

在英国的学习和生活，让我从我的老师们身上，感受到"**人类灵魂的工程师**"的真正含义。老师的个人精神魅力，感染着每一位学生的奋斗和努力。我从他们那里获益匪浅，同时，也使我深深意识到为人师表意味着什么。

1997 年 2 月，我在苏格兰的实习结束后，计划去旅游，放松一下。那天晚上，当我收拾行李，准备第二天去北部探访朋友时，突然发现有人托房东转给我的一张便条：

亲爱的黄：

我现在感觉好一点了，明天我会去苏格兰看你。非常抱歉，我没有机会看到你的实习。

我爱你。

你的老师安妮·布朗福

2 月 8 日下午 2：30

当我正看着这张便条发呆，不知道该怎么办时，突然，电话铃响了起来。

"你好，我是安妮。"

"哦，安妮，你好。"

"我给你的辅导老师打了一个电话，她说你的工作很出色，我为你感到自豪，可惜我不能亲眼看到你上课，很抱歉。"

"安妮，你究竟出了什么事，你不是说好要来看我上课吗？你病了吗？"

"不是我病了，是我心爱的海伦病了，所以我的心情很糟。"

"你是说你经常照顾的那位邻居海伦老太太病了吗？"

"不是，是我的猫。"

"什么？猫病了。"我听了之后，压不住怒气。在我的心目中，安妮是一个非常尽心尽职的老师，她原本计划到各个学校去看望实习的学生并听他们讲课。由于只有我一个人在苏格兰，我经常感到非常的孤独和无助，天天盼望着她能来，希望能够得到她的指导。但当我听到她不能来看我只是因为她的猫病了时，我突然觉得无法接受她那种莫名其妙的理由，不能容忍她把对动物的感情置于她的工作和对学生的关心之上，我有点不客气地说：

"安妮，你的猫也在做教学实习吗？"

"黄，我非常抱歉，我知道为了我的猫而未能看到你上课是有点过分，但是，我非常痛苦。这是我的个人问题，见到你之后会给你解释的。"

"安妮，可是我计划明天去北部看我的朋友。"

"黄，请听我解释好吗？你知道我非常爱孩子，我教孩子十几年了，也非常希望有自己的孩子。我曾经小产过三次，最后的一次是你来英国之前的一个月，很多人都知道。我已经四十一岁了，看来是没这个福分了。为了这件事，我的男朋友也离开了我。我爱我的海伦和邻居海伦老太太，并把她们当作我的孩子一般照顾，也许你不能明白英国人这么……"

"不要说了，安妮，我明白了。如果你只是为了这个而来，就没这个必要了。我也准备去旅游，过两天之后就回学院了，回去再见吧！我爱你！"我为她的坦诚而感动。

"感谢你对我的理解，我也爱你！"

第二天，我到苏格兰东北部的海边去拜访朋友，那位朋友就是介绍我来英国学习华德福教育的澳大利亚老师本杰明，他和他太太唐住在朋友的一所度假别墅里写作。那位澳大利亚老师原来是英国人，五十岁左右。本杰明在他年轻的时候，由于对英国人的自大、傲慢、保守和教条化非常反感，十分想做一位没有英国人特色的英国人，讲一种与英语完全不一样的语言，寻找一种不同的信仰和过一种完全不同于英国人生活方式的生活。于是，在他二十五岁的时候，去了越南教英语，并学习佛教和越南语。

本杰明在越南生活没多久，越战就爆发了。所有的外国人，包括战地记者都要撤离越南。但是，他还是选择留在越南，想把美国和越南的战事都记录下来，并不断地把信息发送到世界各地。后来，本杰明成了香港《亚洲新闻周刊》的特约记者，并因此而出了名。直到越南战争快结束时，他才不得不离开。这之后，本杰明在一个越南难民营做志愿工作者，同时接触了人智学。

不久，他又开始了另一种"流浪生活"，他和他的越南妻子，带着五岁大的儿子，开车穿越非洲大陆，最后在南非接受了华德福学校教师培训。完成学业之后，他和太太在澳大利亚创办了一所华德福学校，在那里一待就是十五年。然后，他和他太太用了两年的时间在亚洲地区旅游。现在，他们准备把多年的教学经验和心得体会写出来，与年轻的老师一起分享。他们不仅是我学习华德福教育的启蒙老师，同时他们也像父母那样关心着我的学习和生活。所以，我们一见面就谈起我在实习过程中的体会和遇到的各种问题，他们听后都耐心地给我一一解答，并不断地鼓励我。

第二天一大早，温暖的室内充满了阳光，窗外，刚出海平线的朝阳给大海中因寒风兴起的白浪镶了一道金边，不惧寒冷的海鸥像喝醉酒似的、毫无目的地在空中盘旋。我突然看到两个穿得像宇航员那么密实的人在海滩上散步，他们手里拿着破矿泉水瓶、烂鱼网、空罐头盒之类的垃圾。当他们走近房子时，我才发现原来是本杰明和唐。

"你们要这些垃圾干什么？"我好奇地问道。

"我们每天早上出去散步时都捡一些垃圾回来，试图清理这片海滩。"他们微笑着说。

"你们能捡完那么多垃圾吗？"我更加惊奇了。

"经过这六个月的努力，右边的海滩已经干净多了，你有空去看看。"

他们指给我看这六个月来的"战绩"，屋子旁一堆小山丘似的垃圾。这不禁让我想起《愚公移山》的故事。仅仅靠他们俩的力量是不可能把整个海滩清理干净的。但是，他们却用意志和行动实现着他们这个美好的愿望，而这就是斯坦纳提出："**通过教育实践来改变社会。**"

通过教育实践改变社会，只靠全球几百所的华德福学校似乎杯水车薪。但是，最关键的也是最重要的，就是要有这两位华德福老师那样的信念和实际行动，如同现代愚公。华德福教育就是建立在这种信念之上，教育学生如何用实际行动在现实生活中寻找和实现自己的理想。

美国鲁道夫·斯坦纳教师培训学校

第二章

美国，学习进入佳境

美国纽约春之谷人智学社区

1. 美国的天使

1997 年 6 月，在英国爱默生学院完成学习之后，我的老师安妮和格俄推荐我到美国纽约春之谷继续学习和研究华德福教育。在学校放假前，我已经收到了入学通知书和奖学金证明书，原则上可以去申请签证了。但是奖学金只够学费，而我一家四口的房租和生活费对我来说是一个庞大的数字。此时，我既没有仔细考虑去美国后如何生存，也忘掉了尔斯里和科里斯婷对我们的承诺，由于继续学习的愿望非常强烈，想先拿到签证后再说。

星期一早上，我们一家四口坐火车去了伦敦，到伦敦后直奔美国大使馆。在外面排了大约一个小时的队才进大门。在检查证件的时候，我发现什么文件都不缺，唯独没有必需的四本护照。我把背包的每个角落都翻遍了，也找不到护照的影子。我清楚地记得，昨天晚上睡觉前，已把所有的证件放在背包里，就再也没有打开过背包，四本护照到底掉到哪里去了呢？我顿时急得满头大汗。

匆匆忙忙赶回家，我们便四处搜寻护照，没有，没有，到处都没有。就在绝望的瞬间，我在女儿的玩具布袋里发现了那四本护照，我们顿时松了一口气。估计是早上忙着做饭、喂她小弟弟，没时间顾及女儿，也没注意到她在房间里玩，更没想到她会把护照拿出来玩，并放进她的玩具布袋。护照找到了，冷静下来，才考虑到即便申请到签证，也没有足够的生活费用。于是，我们便放弃了去美国的计划，而是到旅行社买了回香港的机票。真想不到，才十八个月大的女儿，竟然无意间改变了全家人的命运。

过几天，学习就要结束了，我到学校财务处办理离校手续时，财务处的琼老师问我：

"黄，你什么时候去美国？"

"我不打算去美国了。"

"为什么不去美国了？"她惊奇地问道。

"我的钱不够，决定回国了，而且，我已经买了回香港的机票。"我一并将没带护照的事详细地给她说了一遍。

"等等，你账户里还有一笔钱。"她说着便从电脑里把我的资料调了出来。

电脑资料显示，我的账面上还有六千美元的结余。

"不可能，肯定是电脑出了问题。"我笑着说。

"是个匿名者给你的捐款！"她认真地说。

"是谁？"我惊奇地问道。

她说："既然是匿名者，我就不能告诉你，能告诉你的是你可以无条件地使用这笔钱。"

我的第一个反应是"匿名者肯定是尔斯里和科里斯婷"。于是，我马上打电话给他们，表明我们暂时不准备去美国的态度，并表示不需要他们的这些钱。科里斯婷吃惊地说她非常希望能有那么多钱直接帮助到我们，但是他们确实没有捐钱给我们。

于是，我又想到本杰明，于是给本杰明打电话。他说他也希望自己能有这笔钱给我，但他没有这么多钱。就这样，我给全部有可能捐款的朋友，都问了一遍，可是没有一个人承认捐过款，最后我们只好认定是科里斯婷和尔斯里，只是他们不愿承认而已。为了表示感谢，我准备了一份特别的礼物准备送给捐款者。琼说如果要感谢这个匿名者，就必须贴足寄往国外的邮资并由她来寄，因为匿名者不在英国。这样琼也证实了这笔钱不是科里斯婷和尔斯里捐的。这件事更让我百思不得其解，捐助者真的是我们的"天使"吗？

当时我出国的目的之一，是希望走出生活的困境，而不是走出生计的困境。对于生计问题不太关心的我，居然有"天使"来助我一臂之力。所以，回国之后，我也不必马上为生计问题而挣扎。事实上，如果没有这笔钱，无论是回中国，还是后来去美国，简直都不可想象。两个月以后，我还是来到美国纽约春之谷继续学习和研究华德福教育，而太太和孩子们因为没能申请到签证而留在了国内。但是，我到美国后不久，太太和孩子们也顺利来到美国。

在美国上学的时候，我联系到一些曾经在英国爱默生学院的美国同学和朋友。凯伦就是其中之一，她曾在爱默生学院写作班学习了一年，现在已回美国密歇根的华德福学校教学了。因为她曾毕业于纽约春之谷韵律舞艺术学院，并在这里住了近十年，还有很多朋友住在这一带，并对春之谷有着很深厚的感情，于是她经常来看望我以及探访她的朋友们。

凯伦在纽约市的布鲁克林区出生、长大，后来在北卡罗来纳上大学。凯伦讲话时就像幼儿园的老师讲故事那样温柔动听，即使她叙述的是一件平凡而简单，甚至无聊的事，都会把你带入一个充满梦幻的世界里。她说，纽约是一个由形形色色的人和眼花缭乱的事组成的"大苹果"（大苹果是纽约市的别名）。她非常喜欢曼哈顿，每天都有看不完的街头免费表演，可惜这个"大苹果"已不如以前那么可爱了，所以她决定搬到密歇根去住。

我到美国一个月之后，凯伦就到春之谷来看我。她发现我的孩子和太太都没有来美国。

"孩子和太太为什么不来？"她不解地问道。

"还不是那个签证问题，美国大使馆不给签证的原因之一，是我的钱不够维持一家四口的生活费。"我无可奈何地说。

"需要多少钱才行？"

"根据美国的法律，一家四口一年至少要有一万六千美元。"

"还有别的办法吗？"

"我现在还需要八千美元，才可以担保太太和孩子来美国，可我没有足够的钱。"

"八千美元？我可以借给你。这样她也可以成为华德福教师。"她激动地说。

她就这样借给了我八千美元。圣诞节之后，我太太也来到美国读书，但是美国领事馆没给孩子们签证。

1998 年的夏天，我在完成研究生课程之后，在学校附近的同胞社区工作，同时完成我的硕士论文。同年秋天，在社区的帮助下，我们把孩子们也接到了美国。

两年之后，我硕士毕业，太太也在春之谷教师培训学院获得教师资格证。五月有我们两人的毕业典礼。在美国，毕业典礼是人生大事，根据美国的风俗，家里人必定要出席毕业典礼。我们的父母、兄弟和姐妹都远在国内，于是我们便邀请了凯伦来参加，总算有人证，皆大欢喜。

毕业典礼结束的那天晚上，凯伦请我们到餐馆吃饭。我们天南地北地聊了很多，其中有一件事，在我还未来得及提起，凯伦就好像知道了似的。她突然说，两年前我为太太来美国时向她借的八千美元我们不必还了，算是送给我们的毕业礼物。她又说："我不知道有件事情我做得对不对。对不起，我不该瞒着你们那么久，当年在英国的捐款是我给你们的。"

"什么？"我和太太非常吃惊地叫起来。

"天使"就在我们的身边，这位"天使"也是一名华德福学校的老师。

2. 美国，华德福教育发展的摇篮

美国有一位叫拉菲·科尼的学者，在德国工作期间认识了鲁道夫·斯坦纳。他回到纽约后开始传播人智学，并以自己的毕生精力为此作贡献。很多从德国留学或工作回到美国的人，也加入了人智学的学习。1928 年在纽约的曼哈顿第七十九街，建立了美国第一所华德福学校。后来，人智学其他领域的活动中心移到了纽约以北五十公里的春之谷。

到 20 世纪五六十年代，美国相继成立了东部的新罕布什尔州的活动中心和芝加哥的活动中心。到了 70 年代，鲁道夫·斯坦纳学院在加州的萨克拉门托建立之后，美国西岸也奠定了一个重要的人智学和华德福教育中心。美国华德福学校属于私立学校，政府不提供任何资助，华德福学校只能以非营利机构的形式存在，并通过学费收入和社会捐赠来维持运行和发展。由于华德福教育对场地、校舍、教师和教具非常讲究，同时班级人数少，师生比例高，教学支出大，因此造成了华德福学校的学费非常昂贵。全美学费最贵的华德福学校是旧金山的华德福学校。

春之谷其实是一个小市镇的名字，而不是一个人智学社区的名字。很多人从我 2002 年出版的《迈向个性的教育》中读到关于这个社区的描写而产生误会。春之谷有一个人智学理念下由教育、农业、养老和商店等机构组成的社区。从 1920 年开始，曼哈顿有几位年轻商人，他们富有理想，追求精神生活，组成了一个小小的人智学学习小组，并根据斯坦纳的三元社会秩序理论建立了"三元小组"。这个小组在曼哈顿的一个素食餐馆里工作。

1926 年，他们在离纽约大约五十公里的春之谷购买了一个农场。他们以农场为基地，实践人智学理念下的生物动力农业。一方面为曼哈顿的素食餐馆提供安全、健康的食品，另一方面把农场作为学习与研究人智学的基地。经过多年的发展，农场周围近一百四十多英亩的土地都被他们收购，并成立了鲁道夫·斯坦纳三元社会基金会。随着人智学活动日渐丰富，很多人从鲁道夫·斯坦纳三元社会基金会里租或买下一小块土地建造房屋，以便在周末或假日住在这里，以此更好地学习人智学或度假。

1948 年，萨宾纳和史蒂芬妮开始在这里建立一所幼儿园，并逐渐发展成为现在的绿茵华德福学校。这所华德福学校由于拥有丰富的教师资源，如今发展成为美国最好的华德福学校之一。我们在美国的时候，大孩子在这里读到二年级，老二上完了幼儿园。

这个农场的主要建筑，就是现在的日桥学院，也是我在美国纽约春之谷上学的地方。日桥学院的前身是底特律一所华德福学校的教师培训中心。1986年，这个教师培训中心搬到春之谷后，和春之谷的人智学团体一起成立了一所人智学学院。这所学院极大地推动了美国华德福教育的发展。现在全美国华德福学校里的顶梁柱老师，很多都曾经在这所学院学习过。从2009年开始，这所学院经过一个调整期，改名为日桥学院。目前，华德福教师培训课程，只有短期课程，没有全日制课程。

1970年，培训中心原先的工具房、马房和草房被改建为春之谷韵律舞学校。1973年，它又以合作社的形式，在附近建立起了一家有机商店。这里的住户大都是这个店的股东，他们一起聘请店长来经营管理，而股东们成为有机商店的主要客户。

1950年，在这个三元社区里又建立了社区大礼堂，由此奠定了北美人智学活动的中心地位。这里常年都有各种人智学领域的会议、工作坊、演出和演讲等活动。在这个社区里，有华德福学校、韵律舞艺术学校、华德福教师培训学院、华德福教育研究所和鲁道夫·斯坦纳同胞社区、健康食品用品商店、生物动力农业农场等。这里已经成为具有非常独特文化的三元社会秩序社区。

早在 1920 年购买这个农场的时候,最重要的目的是实践鲁道夫·斯坦纳的生物动力农业,但当时没有专门的生物动力农业教育和培训课程。直到 1996 年,由来自德国的华德福农艺老师坤特·豪克,在这块土地上建立起了生物动力农业培训基地。他借一个传奇人物的名字把这个基地命名为费佛尔中心。瑞士生物学家费佛尔博士,他为生物动力农业运动做出杰出的贡献。他在瑞士多纳赫做研究时,和鲁道夫·斯坦纳的关系非常密切,也是鲁道夫·斯坦纳的早期追随者之一。

1926 年,当第一个生物动力农业基地在荷兰的拉维兰德建立时,鲁道夫·斯坦纳就邀请费佛尔博士去主持生物动力农业的实践工作。1940 年,又请费佛尔博士去美国介绍生物动力农业。由此,费佛尔博士在纽约建立了一个生物动力农业实验室,同时设立了费佛尔基金会,以此来支持美国的生物动力农业实验。后来,费佛尔博士又在加利福尼亚州的奥克兰设立了一个小型的垃圾处理中心,目的是把城市的废物转化为有机肥料用于生物动力农业。当时,他已是美国农业部的顾问,在他的帮助下,美国成功地控制了动物的口蹄疫病情。

三元社区里最大的机构是鲁道夫·斯坦纳同胞社区。同胞社区的创始人是医生保罗·煞夫和安·煞夫夫妇，他们于 1966 年建立了老年人社区。这个社区汇集了全美以及欧洲人智学各个领域的先驱者。我在这里工作的时候，照顾过这些著名的先驱者，从这些先驱者那里学到了许多非常宝贵的经验。我喜欢听他们的故事，也从他们的故事里了解到人智学各领域的发展历史。

3. 纽约春之谷人智学社区

1966 年，鲁道夫·斯坦纳同胞社区从三元社区基金会里租了一处房子，并由此建立起了纽约春之谷人智学社区。这个社区属于鲁道夫·斯坦纳同胞三元社区中的一个独立的小社区，在法律上以养老院慈善机构注册。经过五十年的发展，现在已经成为拥有二十多处房子和约七十五英亩土地的大社区，其中养老院和生物动力农场是社区的主要部分，同时还有幼儿园、特教学校、医疗诊所、陶艺作坊、编织作坊、铁工艺作坊、木工艺作坊、蜡烛厂、印刷厂和手工艺品商店等等。具体的工作内容有照顾老人、农作、园艺、厨房工作、清洁洗衣、维修房屋、照顾孩子、艺术治疗和教育活动等，同时还有各类作坊的工作。目前，在社区里有六十几位老人，五十几名专职工作人员，七八十名来自社区外的义工和世界各地来社区体验生活的志愿者，三十几个来自工作人员家庭的孩子。

在这里生活的人们，大都来自不同的国家，拥有不同的文化、宗教和教育背景，大家都以同胞相称，故称为同胞社区。这里有一条小溪，潺潺的流水绕着社区，春夏之际，溪畔树上绽放的花朵与满地的野花相映，落英缤纷。鸟儿们的歌声从不停息，野鸭、松鼠、梅花鹿和天鹅等野生动物自由自在地穿梭于社区的树林之中。秋天，地里的庄稼茁壮成长着，果园里熟透了的苹果掉在地上，像盖着厚厚的地毯。在这里，鸡犬相闻，家不闭户，汽车也不用锁。来自五湖四海、各种肤色的人们，在这个社区里生活、工作和学习。大家相亲相爱，犹如一家人。这里就像大诗人陶渊明的《桃花源记》中所描写的那样："有良田美池桑竹之属，阡陌交通，鸡犬相闻。其中往来种作，男女衣着，悉如外人。"

整个社区的工作主要由社区里的工作人员来承担，同时也有许多义工和志愿者的帮助。老人和孩子们也会参与一些力所能及的工作。每天的工作是由当天的"领班"协商安排，每个人每天都有"新"的工作。但是在一周里，哪一天做什么工作都有一定的规律。一般三个月做一次工作轮换。这样的轮换可以让每个人都能体验到每一份工作的特色和价值，了解社区的整体状况，理解干重活的辛苦，体验干轻活的喜悦，让身心有一个"呼吸"的机会。避免由单一的护理工作或农作所带来的厌倦感。

这种工作安排创造了在各个领域中学习不同的知识和展现才智

的机会，促使人们在工作中相互学习。因为每一个人都会充当培训者和受培训者，领导和被领导的角色。人们在教与学以及合作中互相看到对方的专长与智慧，互相了解，从而化解憎恨，分享喜悦。这种服务与奉献的工作方式，给领导能力注入了新的诠释。领导能力不是权力的运用，而是认识与善用每一个人的专长与能力，从而起着协调的作用，让大家诚心地合作。社区尊重和许可工作人员来去自由，以及自由地参与社区的决策讨论，自发地承担社区的行政和管理工作。

社区是一个非营利机构，在福利报酬方面，工作人员的报酬方式尽量做到按需分配。工作人员不拥有私人的房屋和汽车等财产，而是共同分享社区里的公共资源，如住房、交通工具、文化设施以及工具等，社区提供食物和工作人员子女在附近的华德福学校就读的学费。除此之外，每月还有一笔生活补贴。这种生活补贴的标准不是以工种、级别、工龄、文凭或技术水平的高低来评定的，也不是根据工作人员对社区贡献的多寡来定，而是根据工作人员家里的真实需求来定。所以，工作人员必须自己制定每月的生活、学习、医疗和娱乐等支出的预算报表，交给社区的行政和财政小组审定是否合理，再与个人商讨来做最后的决定。也就是说社区的生活像一个大家庭，每一个人都互相依赖，互相关照，并一起成长。

同胞社区里的生活已经形成了特别的文化，人们非常注重教育。这个社区的孩子可以自己走路去绿茵华德福学校上学。人们也注重身、心、灵和精神的整体健康，吃自己用生物动力农业种植的绿色食品，追求丰富的精神文化生活，关心人文和环境保护，崇尚自然，追求自然的美。人们同时也非常注重人与人的互动关系，真诚相待、相互帮助、和睦相处、避免恶性竞争和利益冲突。在物质主义至上、暴力文化盛行的美国社会里，这样的社区可以说是沙漠中的绿洲。

社区的文化活动非常丰富，常年有着众多的节日庆典活动，每周、每月都有各种学习小组，讲座、演出、音乐会、展览会等都是社区文化的重要组成部分。这些活动不但有全社区的老人和小孩参与，住在社区以外的人也常来参加。这个社区可以算是北美最大的人智学文化社区，不但在本地的社区文化发展中起到了举足轻重的作用，而且有来自世界各地的学者在这里学习和研究临终关怀、护理、艺术治疗、社区发展和社区文化等。鲁道夫·斯坦纳提倡的教育作为改观社会的力量，在这里得到了充分的体现。因为从幼儿到古稀老人都能在生活中受到教育和自我成长，以此实现和完成他们此生的使命。

社区的创始人保罗说：

"追求人性的觉醒，可以从科学、艺术和所谓的'自由宗教'

这三方面来看。现代科学的起源其实是有人性基础的。一般人错误地认为物质化的现实是真正的现实。其实，物质化的现实只是精神规律下的产物。由不断地思考和寻找自己日常生活关系中缘起的学问，才是有人性的科学。艺术本来是为了显扬宗教生命而产生的，但艺术渐渐成为一种文化活动，甚至商业行为。不过，这种现象并不会改变艺术对人的精神所产生的影响。我们很清楚艺术是让人类认识生命、学习创造和责任的一种工具，只有通过艺术活动和具有艺术性的生活才能把理想变成现实。所以在这里综合了建筑、雕塑、绘画、音乐、演说、韵律舞和社交生活等七项艺术活动。

"创建这个社区的目的之一，是希望通过照顾老人而学习成长、衰老、病苦到死亡的自然现象，让老人回到精神世界之前，不是在糊里糊涂中死去，而是全然觉醒地离开人间。如果我们能认识到'生'是生命由精神世界到人间的'来'；'死'只是离开人间，回精神世界的'去'。生命因为这一来（生）而变得更丰富；生命因为这一去（死）而使人生更有意义。那么我们对待生死，对自己、他人在这个世界上的'来来往往'就容易理解了，而且对死亡不会恐惧，对生活更加坦然。因而，我们就会成为更优秀的人，能真正地为众生服务。

"创建社区的目的之二，是建立一种新的生活和社会关系，我们要把华德福教育和人智学深入生活，让所有在社区生活的人都在受教育和进步。成年人通过日常生活与工作的学习并教育下一代。孩子跟老人一起生活，学会关怀老人，让老人在走向精神世界的过程中，学习完全觉醒地面对生死这一关。此外，社区的孩子在上学之余都有不同的工作任务，让孩子从小就跟不同年龄的人一起工作和学习生活，是为了让孩子充分地参与生活，并学习如何与不同年龄的人和睦相处。如果他们能与这么多不同个性、不同工作方式的人和睦相处，那么长大之后，他们生活在任何社会环境里都会适应，因为任何人都喜欢一个懂得合作的人！"

4. 在社区里的华德福教育

我于 1998 年 6 月在日桥学院完成硕士课程（目前没有这个课程了）后，来到鲁道夫·斯坦纳同胞社区。起初我只是打算在这个暑假里完成我的论文就回国，后来我发现这里就是我的理想国。在社区的帮助下，我把孩子从国内接过来，使这里成为我真正的家。在那几年的生活和工作中，我不仅获得了很多学校无法提供的经验、知识，更重要的是身、心、灵都经历了一个巨大的挣扎和进步的过程。

我在这里学习生物动力农业、老人护理、人智学医药、成人与儿童教育、基金会管理、汽车维修、房屋维护、艺术治疗、开拖拉机、做西餐等。在这样有意义的工作中学习生活技能和生活智慧，对我后来回国创办华德福学校起到了非常重要的作用。起初，我被安排照顾老人时，遇到严重的心理障碍，内心很难完全接受这项工作。后来逐渐发现，虽然表面上是帮助这些老人家，实际上是在帮助我自己。因为我必须学会战胜自己，克服心理障碍，挑战自己最薄弱的地方，逼着自己改变对事情固有的观点。在帮助老人的过程中，我体会最深的是对死有了重新的认识，以及对生的重新思考。这的确是一件很有意义的事。

这个社区发展了三十几年，有不少人在这里工作和生活，也有很多人在社区以外工作，还有工作之余来社区做义工的人。有一位叫爱丽斯的女士，在这里做了近十八年的义工。有一天，我问她为什么对这种工作感兴趣，爱丽斯说："如果没有人细心地照顾这些老人，他们的生活也许会没有规律，也许会整天躺在大小便中，生活得和动物没两样，而通过我们的帮助，他们可以重新过着人一样的生活，所以我觉得这个工作很有意义。"

在这个社区里，很多老人曾经是各行各业的专业人士，如医生、律师、政府官员、教师、作家、艺术家、农学家、金融家和工程师等，也有普通工人和家庭主妇，他们退休之后以按月支付生活费、房租、护理费用的形式住在社区，很多人也都自愿地、义务地做一些力所能及的事。有的也用他们的专业知识和经验为社区做出过极大的贡献。许多为了精神的提升而学习人智学的老人，也在这里找到了精神归宿。所以很多老人把自己的财产都捐给了社区，或者在去世之后，留下了丰厚的遗产给社区。当然也有些老人，虽然为人智学和华德福教育运动付出了一生，但却并不富裕，无法承担这里的费用，社区就根据不同的情况给予优惠，使他们能在这里居住。

社区里有一位叫玛丽亚的老人，她是德国移民。1985年，她的老伴去世之后，就搬到这个社区的养老院里居住，当时她七十八岁。虽然她已经用退休金和养老金支付了在这里生活和享受护理所需要的一切费用，按道理她完全可以过着饭来张口衣来伸手的生活。但她来到这个养老院之后，一直都是在为这个养老院付出，每天都自愿参加社区工作，如洗衣服、做清洁、做饭、做园艺或干农活等。

当我来到这个养老院时，玛丽亚已经是九十一岁的老人了，虽然她坐在轮椅上，但精神依然很饱满，总是微笑着对待每个人。由于她的听力不是很好，因此很少跟别人谈话。要让她听懂我们说的话非常费劲，不过工作人员都熟悉了她一成不变的生活习惯，如吃饭前必须告诉她，她的饭菜是素食，饭后有什么甜点，然后给她一杯薄荷茶。

在玛丽亚的房间里有一个很大的书架，全是和人智学有关的书籍，有的像古装书那样早已发黄。经常有华德福学校的学生来到这个养老院做义工、采访老人，并撰写他们的传记。当学生们一进玛丽亚的房间时都会惊叹着说："玛丽亚，你都读过这些书吗？"她会马上很自豪地说："是的，而且不止一遍。"

玛丽亚的儿子来看望她时，是她最快乐的时刻，她整天都会笑眯眯的，逢人必介绍她的儿子。她的儿子每来一次，她都会给我介绍一次，正是这个原因，我和她的两个儿子都很熟。她的儿子，一个叫鲁迪，是电脑工程师，住在佛罗里达州；另一个叫科尔，是会计师，住在得克萨斯州。两兄弟轮流来纽约看妈妈。他们每次来，都住上一个星期，每人每隔一个月来一次，风雨无阻。

许多人都非常羡慕玛丽亚有两个那么关心和照顾她的儿子。有一次，我问她："玛丽亚，你是如何让你的儿子这么好地照顾你的？"她说："送他们到华德福学校去读书，其他的就让我的儿子告诉你吧。"

每天早上从六点一刻开始，几个工作人员就要负责帮助一些生活不能自理的老人起床，帮助他们洗脸、漱口、擦身、换衣服、吃药、整理房间，然后带他们到餐厅吃饭等。

每个星期四早上是我的值班时间。我每次到玛丽亚房间的第一件事，是拉开窗帘，这时她就会微笑着说："多么美好的天气啊！"当我递给她假牙时，她总不会忘记说："谢谢你，又暖又舒服。"（按照她的习惯，先用热水泡几分钟再给她。）有一天，她说："我已经九十三岁了，再过三个星期就九十四岁了。黄，我知道有那么一天，没法再对你说'谢谢'时，请你不要认为我没礼貌，我还会默默地祝福你和你的家人。"她刚说完,"哗啦"一声,我一不小心把一盆用来给她擦身的水全倒在她的衣服、床和被子上了,顿时,我惊慌失措地看着她,不知道如何收拾这个残局。玛丽亚却毫不介意地笑着说:"看你干得多么漂亮呀!"

听到她讲这样的话,不由得让我想起鲁道夫·斯坦纳写的《如何知道更高级的世界》,其中有一章提到:"**无论什么时候,发生什么事,第一个闪出来的反应,应该是事情最积极的一面。**"玛丽亚这个时候能说这样的话,保持镇定的态度,显示出她把人智学确实是学到家了。

当玛丽亚病危的时候,正好轮到我值夜班。那晚,社区里的医生打电话来说:"*今天晚上玛丽亚可能会去世,如果你发现了,就把时间记下来,不用打电话给我,我明天早上值早班,六点钟就到。*"我一放下电话,就去看玛丽亚。她躺在床上满头大汗,呼吸非常急促。"*玛丽亚,玛丽亚,玛丽亚!*"我轻轻地呼唤她的名字。但她没有什么反应,她的脸上还是带着那副慈祥的表情,她的手脚冰凉,胸口却很热。我轻轻地帮她擦了一下汗水,走出了她的房间。这时,丹洛,一位经常来做义工的学生听说玛丽亚可能要去世了,特地来看她。

过后的两个小时里,他一直守在玛丽亚的床边。

"丹洛，你怎么还在这里？"我不解地问道。

"我多么希望能亲眼看到玛丽亚停止呼吸的一刻，看着她的灵魂飞走。可我没信心看到那一刻了，已经这么晚了。"他轻轻地答道。

"听说很多人都是在没人注意的时候悄悄地离开人世的，很少有人有机会看到那一刻。"我说。

"我也听人这样说过，也许玛丽亚今晚还不会去世。"丹洛说完就走了。

在他走后不到半个小时，我又去看玛丽亚，发现她已经去世了，这时是凌晨一点五十分。确实太不可思议了。

玛丽亚去世三天之后，社区为她举行葬礼，玛丽亚的两个儿子鲁迪和科尔都来了，我也是第一次看到他们兄弟俩在一起。在玛丽亚的葬礼仪式过程中，由鲁迪和科尔介绍玛丽亚的生平，两兄弟抢着述说母亲的故事，在玛丽亚的生活中点点滴滴都充满着爱。最后他们说到这样一句话："玛丽亚的为人非常好，以至从来没有任何人在玛丽亚的背后说过她的不是，她总是为邻居和朋友着想。我们兄弟都为有这样的妈妈而感到自豪。"这时我才想起几个月前我问过玛丽亚的一句话："玛丽亚，你是如何让你的儿子这么好地照顾你的？"她说："送他们到华德福学校去读书，其他的让我的儿子告诉你吧。"

走进很多普通的养老院，也许你会感觉像是走进墓地前的等候室，沉闷死寂，一片无望弥漫在空气中。但是，当你来到这个社区的养老院，你会看到另一番景象：**孩子们欢声笑语，老人演奏钢琴曲，工作人员和老人亲切交谈，厨房里散发出香味，洗衣间里白发老人对小婴儿微笑，一切的一切都充满了活力、温馨和希望。所以这里的老人都积极而热情地活着，安详而平静地离世。**

在这个鸡犬相闻的社区里，简直是孩子的天堂。很多家庭都有三四个孩子，其中一家有八个孩子，聪明的孩子自然会选择投胎来到这样的环境。在不经意间，我们家第三个孩子也在这个社区里出生了。我们家的老大当时六岁了，老二四岁。他们可以在这里自由地玩耍、奔跑、爬树、喂鸡、做游戏。孩子串到邻居的家里也会找到晚餐，回来时还穿着邻居孩子的衣服。他们有时也会把小朋友带回家，把冰箱里的冰淇淋吃个精光，有时邻居的孩子甚至赖着不肯回家。而那些老人们更时常帮助照顾这些孩子们，不仅给孩子们讲故事，甚至有一些老人常用巧克力来博取孩子的欢心。

我的孩子刚两岁的时候，就很清楚哪一位老人家的房间里有巧克力，而且还知道放在哪个位置。在这样的社区，老人有孩子生活在身边，可以享受到传统的天伦之乐。孩子们也会有一种安全感，也有"爷爷奶奶"的关心和爱护，还可以看到身边可爱的老人去世而产生对生命的尊重和爱惜。在这里可以让人体会到"老吾老以及人之老，幼吾幼以及人之幼"的真实含意。

桃花源本来是大诗人陶渊明，通过诗来告诉世人，理想社会应该是什么样子，想不到在这里就有一个理想社会。**其实，把理想生活变成生活实践，世外桃源就在你的心中，无须到外面去寻找。**我在美国求学，学习人智学，就像陶渊明笔下的那位在湖南武陵附近缘溪而行、无意间闯入桃花林中的渔人，于是我想起了这首诗：

> 结庐在人境，而无车马喧；
>
> 问君何能尔？心远地自偏。
>
> 采菊东篱下，悠然见南山；
>
> 山气日夕佳，飞鸟相与还；
>
> 此中有真意，欲辨已忘言。

5. 纽约绿茵华德福高中

1997 年 9 月，我在美国纽约春之谷攻读华德福教育的硕士学位时，在绿茵华德福学校实习。这所学校和华德福教师培训学院只是相隔一条小溪，很多未来的华德福学校老师都在这所学校实习。我在绿茵华德福学校十年级旁听历史课，老师是哥伦比亚大学的一名在职博士研究生，在绿茵华德福学校当兼课老师。

在那天的历史课中，她先讲述了印度教的等级制度，佛教中瑜伽修炼的精神进步级别和基督教的教义之后，让学生讨论对宗教的看法和个人信仰。从学生的讨论中发现，他们有的相信存在有超越物质的精神世界，努力去寻找自己所相信的，并能支持和引导他们的"神"，在烦恼和痛苦时会向自己的"神"倾诉，祈求平安和得到生活智慧的启发。

一位女生说："我相信有一股强大的力量在主宰着地球乃至宇宙的一切，但是我不相信，那个穿着白衣服的人物（指圣经中描写的耶稣）会下来拯救我，我不在乎天堂和地狱之类的东西。我相信我的天使在引导我，我会在睡觉前和天使沟通，希望她能帮助我度过美好的每一天。"

一位男生说："其实，神是人造出来的，是根据自己的生活经验来造出符合自己意识的神。从耶稣和天使穿的衣服可以看出，耶稣不是亚洲人的神，佛陀穿的衣服也说明佛陀不是欧洲人的佛。但是，为什么亚洲人也信基督，欧洲人也信佛呢？因为，信基督的亚洲人其实是欧洲人的灵魂在亚洲人的躯体中，信佛的欧洲人其实也是亚洲人的灵魂在欧洲人的躯体中。灵魂依然是那个来自本土的灵魂，如欧洲人穿上日本和服也成不了日本人，亚洲人穿上西服也成不了欧洲人。每个灵魂都要找到自己的精神家园，所以人并不因为种族、肤色、语言和贫富的不同而不同，也不是由于宗教信仰和精神的不同而异，同一精神屋檐下的人才是同类的人，因为灵魂精神才是人的真正代表。"

之后，我在十一年级旁听历史课，同时有一位从加拿大来的实习老师马丁也在那个班实习。历史课老师讲解了美国的政治和政府结构之后，详细解释了美国政治三权分立的具体运作。这位历史老师以肯定的态度和欣赏的方式描述美国政治的优点，然后说："我们非常幸运，能够生活在这个自由的国度里，可以选择国家的最高统帅，甚至可能被选为国家的最高统帅，但是很多国家的人民却很不幸，如加拿大人不能选举总统，只能选择党派。"最后她总结了一句话说："所以，我认为美国的政治是最完美的政治。"

说完之后，另一位老师站起来说："但是美国是发达国家中问题最多的国家，美国有这么好的政治结构，为什么解决不了那么多问题？如控制枪支问题，消灭贫穷问题。加拿大不像美国那样竞选总统，是因为不想浪费那么多社会财富，结果却选出一个比另外一个钱少一点的，不那么混账的人当总统，半斤和八两，你如何选？你们有什么问题吗？"说完马上就有同学举手，但是历史老师先让我发表看法。

"美国的政治体系只能算是坏的政治体系之中好的一种，因为目前世界上还没有全球公认的、最好的政治体系，美国的政治体系只是一部分人自认为是好的政治体系而已。民主政治最根本的一点就是一人一票进行投票，通过投票来做决定的结果是少数服从大多数。那么如果你刚好是处于少数那部分人群中，政府就不能代表你们了。对于那少数那部分人来说，就不公平了。但是，真理往往是掌握在少数那部分人手里，如果大多数人都掌握了真理，社会就不会像现在那样令人不满意了。

"民主政治另一个特点是三权分立，相互制衡，但是制衡的结果往往是互不相让、互不合作。名义上是为了民主和公正，事实上，很多时候都是在浪费纳税人的钱和时间，缺乏效率。如一个简单的事情，需要讨论来、争论去，甚至是一个毫无意义的事情。如克林顿总统的桃色丑闻，名义上是司法公正，但是却花了几千万美元，仅仅是为了得到克林顿总统的一个道歉。如同无国界医生组织，该组织就是因为不能忍受国际红十字会那种缺乏效率的民主程序和官僚作风而脱离出来，成立了自己的组织。只要哪里有战争，他们都是第一时间赶到现场去救护伤员，该组织不久前就获得了诺贝尔和平奖。"

我发言之后，在学生中引起了三种不同的立场，同学们很快就知道他们的立场在哪一边，立场相同的同学站在一边，开始了一场激烈的辩论。老师让那些对这些话题不感兴趣的同学做记录，并整理成报告再发放给大家。但是，我对那位老师在上课过程中流露出过分的爱国热情和自豪感有疑问。下课之后，我找她讨论，她说："其实，我是在故意鼓动学生的情绪。在上课之前，我就已经和马丁'串通'好了，像演戏那样把这一节课上得很精彩。"

6. 加拿大的华德福

　　有一个笑话形象地描绘了加拿大在美国的地位：如果有人问，美国的东部除了纽约之外还有什么？答案是：还有一个加拿大。美国人心目中的加拿大只是美国北面的一个州，跟美国差异不大。实际上，如果你把加拿大人误会成美国人，他们会有点不高兴。他们会不断地强调加拿大人和美国人的不同，而且加拿大比美国大多了。

　　我在美国上学的时候，莫名其妙地对加拿大有种好感。加拿大强调多元文化，无论你是来自哪里的移民，很多人保留了自己本来的语言文化但好像压力不大，而美国强调熔炉，无论你是来自哪里的移民，都要被美国化。因此，很多美国土生土长的第二代不再讲父母原来的语言了。我的孩子在美国的时候，就不会讲中文，而到了加拿大才开始讲中文。

2008 年，我带着三个孩子去加拿大温哥华岛的生物动力农场和康复村工作半年。当时，三个孩子都在农场附近的旭日华德福学校上学。开学不久，我以家长的身份去学校参观访问，接待我的是一位三十多岁的老师雷切。她的一个孩子也在我小儿子的班上，她自己也是毕业于温哥华的华德福学校。参观完之后，我们坐下来聊到关于高中教育的事。

从交流中我了解到，她在温哥华的华德福学校从幼儿园上到八年级毕业。后来她的父母要离开温哥华，她就没有上华德福的高中，不过她还是和以前的同学保持密切的联系，假期也常常在一起玩。她发现自己的创造力和心智成长好像一直就停留在八年级，而她的同学却是那么的丰富、有趣和具有创造力。

所以他们相处起来也很愉快。她的同学在艺术、音乐、天文、韵律舞表演等方面的进步，像磁铁那样吸引着她。她意识到自己曾经和他们是一样的，而现在差距却那么大。当时，她并没有反应过来是教育的不同造成了这一切的不同。所以，她也没有跟父母提出来想读华德福高中，直到她上了大学之后才意识到这个问题。她的例子让我感到非常震撼，并下定决心，无论如何都要让自己的孩子读到华德福高中。

克里斯蒂娜是雷切的同学，现在是旭日华德福学校五年级的主班老师。克里斯蒂娜的父母都曾经是温哥华华德福学校的老师，她一直在华德福学校读到高中。高中毕业的克里斯蒂娜，音乐和艺术都达到了艺术学院毕业的水平。她喜欢画画，办画展，也教学生大提琴，而且在担任主班老师之前，当过全校的音乐老师。

最让我佩服的是，克里斯蒂娜离婚之后，她带着三个孩子从温哥华搬家来温哥华岛的旭日华德福学校。她当主班老师，并自己照顾三个孩子，而她的三个孩子分别和我的三个孩子年龄差不多。因此，我有两个孩子和她的两个孩子同班。更巧的是，张俐老师也是五年级的主班老师。张俐老师还在她的班上听课学习。我不是说能当华德福老师就厉害，我想说的是这种生活能力和态度很让我惊讶。

我在加拿大农场工作的经理罗兰斯也是克里斯蒂娜的同学。罗兰斯也有三个孩子，他的大女儿拉娜跟我的女儿同班，而且是最好的朋友。罗兰斯的父亲也曾经是温哥华华德福学校的老师，还当过加拿大人智学学会主席多年。之前，他代表加拿大参加我们在亚洲各地举办的人智学会议。我和这位老先生认识多年，于是，才有机会来到温哥华岛工作。

我和罗兰斯一起工作时，有很多交流，从中更了解了华德福高中是怎么回事。我问罗兰斯是否感觉华德福教育和主流社会有隔阁，罗兰斯说他的好朋友中大部分都不是华德福毕业生。他还说，自己和别人不同，并不等于有隔阂，如果知道其他人不能理解，他就不一定说。但是，他感觉到他的朋友们却没有什么东西让他理解不了的。于是，我知道这就是差距，不能说他很成功，但是的确他给我留下了很好的印象。

事过两年，转眼到了2010年，为了让我的孩子上华德福高中，我再次来到加拿大的温哥华岛。出发前，我的女儿已经通过脸书了解到她以前很多同学都不会上华德福高中，所以她也不太想上。后来，我告诉她没有选择的余地了，因为我已经给她报了温哥华岛上的橡树岛华德福高中。

这所高中是由成都华德福学校英语老师莫尼卡参与创办的。当时莫尼卡老师为了自己的女儿上华德福高中，和朋友一起在自己的家里办了高中，两年后搬到邓肯镇上，也就是现在的地方。当时，我女儿也想随大流去一所有1000名学生的公立高中，因为她的很多朋友都在那里。我在努力做她的思想工作，最后的妥协是她先在橡树岛华德福高中上一年（因为我已经报名注册了），一年之后，如果她实在不喜欢就转学。可是她上了橡树岛华德福高中后就非常喜欢这所高中，她总是跟弟弟说："你们一定要来这所高中。"

女儿的老师也是温哥华华德福学校的高中毕业生，曾经在温哥华做建筑师和房地产开发商，现在是数学、化学和生物老师。这位老师大学是学化学的，可是自学了建筑设计，同时教数学、力学、材料和生物，而且他也在公立高中教过数学，这也恰恰说明华德福毕业的学生不仅仅是擅长音乐和艺术。这所学校学生最多的时候有 66 名，而当年创办之初只有 36 名学生。女儿也已经习惯了规模小的学校和班级生活，这样全校的学生都有机会成为朋友。

上学第三天，旭日华德福学校的五年级主课老师克里斯蒂娜的大儿子马丁也从那所有 1000 名学生的公立高中转回华德福高中了。马丁与同学分享了自己在那所公立学校的学习经历，让这些选择了华德福高中的孩子们庆幸没有去。我曾经问过克里斯蒂娜，为什么她让孩子自己选择学校。

她说："我比较了解我的孩子，我坚信他会回华德福学校的，所以让他自己选择。"

我又问："如果孩子不愿意回华德福高中呢？"

"如果是这样的话，我以前让他上那么多年的华德福就是错误的选择。"

很多孩子喜欢华德福学校，既不是因为课程如何，也不是因为华德福学校有很多户外的活动，如滑雪、独木舟、漂流、野外生存训练、和印第安人学习手工艺、音乐、校内校外的公共活动、与国内外的学校进行交流等。这些活动都有学生的参与，学生在与老师、同学的合作中学到的东西比书本知识更重要。**如果学生只学教科书上的知识，仅仅是累积了很多书本知识，而这些书本知识也许只对考试有帮助。但是书本知识对学生日后的生活、处理生活的危机、对管理自己的内心世界是没有很大帮助的。所以培养孩子的综合能力，很多时候是功夫在课堂外。**

华德福高中阶段课程实施方式有点像研究生阶段的教育方式，如启发、体验、研究和实践，最重要的还是老师带着客观的、不带偏见的方式去看已经被添加过色彩的历史、人物和科学定论。在培养学生思考和判断能力方面，华德福学校有很多过人的手段。他们会通过艺术、文学和科学来探索人类生活的深层意义，他们生活在备受尊重和有尊严的环境里，被一群有理想、有抱负的老师引导，哪怕学习成绩不怎么样，对他们以后的生活都非常重要。**孩子在青少年阶段，最需要被尊重、被引导，同时也有机会平等地与老师交流和对话，让孩子感觉到存在的意义和价值。**

德国华德福学校

第三章

探访华德福教育的发源地

德国华德福社区

1. 华德福教育的发源地

　　德国不仅是华德福教育的发源地，也是全世界华德福教育发展最成熟的国家。据 2012 年德国华德福教育友好协会的统计，当时德国有 178 所华德福学校和 491 所幼儿园，全国有 71460 名学生就读于华德福学校，另外还有 150 所为特殊儿童设立的华德福学校和治疗中心。德国也是全世界教师培训机构最多的国家，有 4 所全日制和 10 所兼职的幼儿园教师培训机构，有 8 所全日制和 16 所兼职的中小学教师培训机构或学院，现在还有以人智学为基础的大学——阿兰努斯社会和艺术大学。

　　德国的华德福教育被世界其他国家的华德福教育者视为标杆，其重要原因就是世界其他国家的华德福教育开创者，要么是从德国留学回国的学生，要么是德国华德福老师直接到海外开展教学。

20 世纪 70 年代，一个专门支持德国以外的华德福学校发展的机构——德国华德福教育友好协会成立了。这个协会资助了世界各国的华德福教育的播种人和教师，最终协助这些老师创办华德福学校。中国最早的传播者都获得过这个协会的学费资助。德国华德福教育友好协会建立起了一个全球的华德福教育网络，也促进了全球华德福教育的交流活动。

依米尔·默特是一位父母早逝的孤儿，他完全自力更生，并以自学者的身份成功地踏上了事业之路，成为斯图加特一位成功的企业家，经营着一家著名的香烟厂。他购买了一家坐落在半山腰的豪华餐馆，请鲁道夫·斯坦纳给他的员工做人智学的讲座，并在听课时间同样给工人发工资。鲁道夫·斯坦纳在香烟厂给工人做的几次讲座，不仅成为人智学中比较著名的讲座，也是直接孕育第一所华德福学校的前奏。1919 年，在企业家依米尔·默特的支持下，斯坦纳为香烟厂工人的子弟办起了一所学校，并用工厂名字中"Waldorf"为学校命名华德福学校（Waldorf Schule）。

"华德福"这名称源于香烟厂。这个香烟厂在当时已是一个遍及全球的品牌，也是成功、品质和经济发展的代名词。这所学校成功地结合了鲁道夫·斯坦纳的思想与依米尔·默特所代表的经济实力。因此，依米尔·默特可以说是华德福学校的创办者，而鲁道夫·斯坦纳则是华德福教育的启蒙者。鲁道夫·斯坦纳在社会生活层面上具有独特的改革理念，认为包括学校教育在内的文化活动应享有必要的自由，并在第一所华德福学校成立时，将这样的理念付诸实践。

　　第一所华德福学校的成立是一项了不起的创举。华德福学校从建立的第一天起，开启了德国第一所把穷人的孩子和富人的孩子放在一起受教育的学校，同时也是第一所实行男女同校的学校。如果你不能理解那意味着什么，就请假想一个国家有权阶层、有产阶层和知识阶层，为工人建一所最好的学校，并把自己的孩子也放在该学校受教育。这也就是人们相信华德福教育代表着未来教育典范的重要原因。

2. 华德福这个名字的故事

1763 年 7 月，正值欧洲七年战争结束之际，也是欧洲人对美国有着许多影响的时期。约翰·雅各布·阿斯特出生在海德堡附近的一个叫华德福的村子里。他的父亲开了一家卖肉店，约翰在十五岁时，因无法待在家中，便离开了家乡。为了学习乐器制作技术，约翰跟随他的兄长去了伦敦。不久，英国也留不住他。二十岁的他带着十种木制吹奏乐器，背起行囊，移民美国。他觉得在新世界中，应该创出一番童话般、使人难以置信的事业。首先，他打算依靠他所学到的东西，在纽约开设第一家乐器店。为了筹集资金，他甘当清道夫、街头小贩，辛苦地工作，以此赚取资金。

当时大部分初抵美国的移民对乐器并不感兴趣，所以约翰又开始做毛皮买卖。不久，他便掌握了从美国五大湖区至太平洋地区，甚至夏威夷、中国和日本的市场。由于他获得了东印度公司所有港口的贸易许可，从而取得了商品垄断的地位。接着，他转入土地炒卖，累积了巨大的私人财富，成为当时美国的首富。

他的企业精神不仅展现在经济领域，约翰还在他的家乡德国建了一座图书馆。这座图书馆以他的名字命名为阿斯特图书馆。1854年，约翰的后代赞助成立了阿斯特之家。阿斯特之家从事老人、残疾人与无工作能力者等弱势群体的照料，至今已有百年的历史。

后来，在华德福同乡会的推动下，一座博物馆建立了。这座博物馆以历史为背景，呈现华德福这个村庄的风貌。博物馆农业展览区里，展示了烟草、啤酒花、红酒、芦笋等，以及各个传统手工行业的工具。总而言之，这个博物馆展示了从罗马时期、中古世纪到现在，这个地区人们的生活形态与习俗。博物馆的阿斯特展厅也展示了有关约翰·雅各布·阿斯特及其后代的文献资料和物品。

在华德福村庄的地区电话簿里，至今都找得到近二十个以"阿斯特"登记的号码。"阿斯特"这个姓氏在英美地区的影响力很大，比如英国第一位女性下议院议员就有一位叫阿斯特。而一位叫约翰·雅各布的后代在1956年被封为贵族，他也是1922年至1966年间英国《伦敦时报》的主要持有人。悲剧的是这个名字在1912年也曾和泰坦尼克号的处女航一起出现过。沉落海底的"杰克"就是阿斯特家族的子孙。当时的新闻也曾详细地记录并报道了"杰克"

的生活背景。

约翰·阿斯特在美国发了家，成为德国人在美国成功的典范，他生产的华德福牌香烟畅销半个地球。阿斯特的后人成为比较有名的家族，而阿斯特的为人和价值观也深深地影响着他后人的行事风格，而且都有一连串的动人故事。阿斯特把华德福这个品牌和高质量联结在一起，他的后人也在继承着这个传统。

在一个风雨交加的夜晚，一对穿着考究的老夫妇在美国费城找旅馆，几乎到了午夜还是没找到。最后他们来到一个小旅馆，旅馆的伙计面对这对疲惫不堪的老夫妇，尤其是在这个风雨交加、寒冷无比的夜晚，实在不愿告诉他们，房间已经住满了。伙计非常友善地告诉这对老夫妇，如果他们不嫌弃，可以选择住在自己的房间。这对从欧洲来的筋疲力尽的夫妇来说哪里顾得上嫌弃，感谢都来不及。第二天这对老夫妇离开时，对伙计说："你将是世界上最好的宾馆的经理。"当时伙计只当成恭维话，并问："哪家宾馆是世界上最好的宾馆，你们先找到这个宾馆再说吧！"老妇人说："是的，还没有建成，我会给你建一个世界上最好的宾馆。"

两年之后，伙计收到了一个名叫威廉·华尔道夫·阿斯特寄来的聘请函，陈述了这个伙计早已忘得一干二净的故事。在信里，老绅士邀请他到纽约去，相约在纽约第五大道 34 街街角一栋由红砖建造的大楼前见面。伙计来不及收拾行李便去纽约见威廉先生了。"就是这个宾馆，我为您而建。"伙计看到新建成的豪华宾馆，也表示非常愿意在那里工作。这就是当时美国最豪华的华尔道夫·阿斯特里亚宾馆。这名伙计叫乔治·波特，成为第一家华尔道夫·阿斯特里亚宾馆的第一位经理，他遵从威廉对他的要求，兢兢业业地工作了十四年，直到退休。乔治·波特按老绅士的格言执行着他的工作：**对于需要帮助的人，我们不应该视而不见，不要让客人失望，因为我们每个人都可能是天使。**

约翰·阿斯特的后人威廉·阿斯特在美国曼哈顿建的华尔道夫·阿斯特里亚宾馆，依然是全球最受欢迎的宾馆之一，全球各国的政府首脑去纽约都喜欢住该宾馆，这个传统一直延续到现在。这家宾馆得到世界认可的重要原因就是服务质量一流和文化气氛浓厚，并且由于规模比较小，安全和保安到位，这也就是实现了不让客人失望的原则。今日在世界多数地区都有华尔道夫·阿斯特里亚宾馆，并在市场享有极高的评价。最近在中国的上海也筹建了一家华尔道夫·阿斯特里亚宾馆。

在约翰·雅斯托的传统中，在华德福商标下的产品和服务质量都是一流的，他们也是人性和精神文化的倡导者。然而华德福·阿斯特里亚香烟厂并没有度过1928年至1929年间的世界经济危机，公司经营一落千丈，最后被一家名为"利是美"的公司收购了经营权。

但是，这家公司沿用国际华德福·阿斯特里亚的名称，将阿斯特品牌运营至今。产品包装背面还可以读到下列句子："约翰·阿斯特，1763年生于德国巴登的华德福。他是美国数位成功的德裔之一。1929年利是美公司沿用了阿斯特这个品牌后，曾大力援助设于斯图加特的华德福学校。"

今日全德国有百分之一的学生在华德福学校接受教育，每年约六千名学生从华德福学校毕业并踏入职业生涯，这些数据反映出了不可忽视的社会文化影响力。华德福学校至今仍能与华德福产业相提并论，正是由于对品质的要求。华德福的企业一向重视产品质量的管理。所以在学校、教养等各领域也同样重视品质这个概念。

（编者注，Waldorf作为人名时，译为"华尔道夫"）

3. 全球第一所华德福学校

2006 年我参观了斯图加特的世界第一所华德福学校。我是从马堡坐火车去斯图加特的，虽然倒了两次火车，但是一点都不觉得麻烦。因为德国的火车接驳几乎是无缝的，也就是说，不用再买票，等的时间也非常短，有些甚至不用换站台就可以搭乘下一辆。

我的票是头等车厢，很多上班族都有公司的补贴，多花几个钱坐头等车厢，可以在火车里看文件、用电脑、写报告，不时有乘务员送来香喷喷的咖啡，车厢里俨然是一个办公室。如果我在德国上班，我才不稀罕开着自己的奔驰或宝马去上班呢！有如此快捷、舒服、方便又省钱的公共交通工具，有什么理由糟蹋自己的钱财，去驾驶既烧油又烧钱的汽车呢？这也许是德国人热衷于环保的充分理由吧！

那天下了火车，我就看到了一个举着写有我名字的牌子，那肯定是接我的斯密特博士。斯密特博士是海利克斯公司的总裁，海利克斯公司是一家根据鲁道夫·斯坦纳的医学观点建立起来的医药公司。根据斯坦纳在治疗领域的提示，槲寄生（一种寄生植物）有抑制癌细胞生长的作用。该公司用这种寄生植物的果实提炼液体为原材料，研究和开发出了一种治疗癌症的注射剂。该药不同于西方以毒攻毒的医学理论，而是根据顺势疗法理论制作，没有任何副作用，其理念接近中国传统医学。

斯密特博士和他的同事极力推荐给中国的医生使用，后来他们和成都的一家医药公司合作。斯密特博士去参观成都华德福学校的时候，学校刚好放假，所以我们错过了在成都见面的机会，学校里只有罗靖老师接待他。斯密特博士对学校的建立和发展赞叹不绝，决定让我给他们的公司同事分享我们在成都办学的工作经验。

他载我去公司之前，先带我参观了斯图加特的世界第一所华德福学校。该学校坐落在小山坡上，当我在路上看到根据人智学设计理念建的建筑时，就知道身处何处了。这所学校有一千多名学生，还没包括幼儿园和一所著名的教师培训中心。学校安排给我当向导的老师早就准备好了，可惜他讲德语，我只好靠斯密特博士翻译。

这位老师自豪地给来自世界各地的"朝圣"者重复讲述一百

年前在这里发生的一切故事，但看不出他有任何厌倦的感觉。他听说我来自中国感到惊讶，决定把我这一次的参观写在他们下一期的校刊里，因为这所学校和其他国家的第一所华德福学校都有友好关系。

作为斯坦纳主持的第一所华德福学校，加上精益求精的德国精神，该校有无数可以供别人学习、模仿，以及显耀华德福教育的地方。我在这里只介绍他们的木工坊。他们有三个木工坊，三位木工教师都各有特点，第一位教师突出精细手工艺，比如他教学生制作乐器，包括竖琴和大小提琴，那是要求非常高的手工艺。第二位教师突出木材艺术，应用木材为基本材料制作艺术品，包括各种木雕。第三位教师突出木工的实用性，制作既是艺术作品又能体现出工艺的木头家具。孩子们的手工家具，其质量和价值都可以跟市面上的家具较量。

向导老师补充说：**"斯坦纳认为每一位老师只有在发展出个人特质的时候，他（她）才能给孩子发挥其个性的可能。学校必须给予教师在教学中发展他个性的空间，学校的教育才有意义。"**在斯图加特的世界第一所华德福学校里，各种奇迹实在太多了。斯坦纳从来就不给老师"教育的处方"而只是给予教育的基本原则。奇迹总是在领会了斯坦纳的教育基本原则之后创造出来的。

鲁道夫·斯坦纳准确地看到教育的发展方向，单单是凭着这一点，鲁道夫·斯坦纳不愧是个教育家。他倡导了教育的革命，目前，全球各地都在模仿和学习华德福教育，可是，很多人只是学习或模仿皮毛，有的人最终放弃。一个重要的原因是大多数现代人还没准备好放弃私心，共同学习、共同进步，这也是为什么华德福教育依然是非主流教育。但是，从某种意义上说，主流教育在靠近华德福教育，如西方国家评估孩子的学习进展的方式，已经全部采用华德福教育在八十多年前的评估方式。同时，有些文明程度高的国家，教育行政机构尽量做到不在学校的教育过程中指手画脚。在我的认识中，瑞典最好，德国、丹麦和挪威排第二，澳大利亚、荷兰和瑞士等排第三。当然，在得不到政府支持情况下的华德福学校，能自由发挥的只有英国、美国和其他西方国家。

鲁道夫·斯坦纳在第一所华德福学校里实行教师治校。教师必须出于爱好教学和孩子而工作，教师必须学会承担责任和自我成长。学校必须是非营利性，也就是说营利的结果最终不是用于分红，只能用于学校发展。在第一次世界大战之后的德国，人民在战乱之后都还没机会喘息的时候，一群对未来充满希望的有志之士在一起实践一个崭新的经济和文化生活模式，我不得不佩服他们。

4. 探访卢安克的家

华德福教育能在中国发展，这和卢安克的一家有直接的关系。我这次在欧洲之行中，当然少不了拜访卢安克在德国汉堡的老家，以及卢安克在德国上学的华德福学校。

2006 年 3 月，我到汉堡机场的时候，很多人在外面等待迎接旅客。我和卢安克的爸爸从未见过面，甚至照片都没见过，他没有举着写有我名字的牌子，我们不用费很大的劲便认出了对方。卢安克的爸爸给我的第一个感觉是非常绅士和有学究味，当然，也可以从卢安克的身上看到一些相似的影子。我跟着他去停车场，在那里我第一次看到那么多中国人追逐的宝马、奔驰汽车。当然，其他牌子的德国汽车如大众、奥迪也很多。以国产的精良汽车为自豪的德国人，很少人用外国汽车。可是，在德国汽车堆里，有一辆日本的三菱汽车，我猜想这可能是卢安克爸爸的汽车，果然不出我的意料。

在路上，我问卢安克爸爸，是否担心卢安克，他反问我有什么要担心的。卢安克爸爸坚信卢安克会根据自己的自由意志来生活，卢安克目前无法承担起家庭责任，因此不准备结婚。如果卢安克希望结婚，过稳定的生活，他应该有能力办到，但这不是卢安克所想的，因为他可以放弃自我而做些自认为有意义的事情。

大概二十分钟后，汽车在寒冷的汉堡郊区一栋非常普通和朴实的德国公寓前停下来。当然，卢安克的妈妈已经准备好了迎接来自中国的客人。来到了卢安克那个温暖的家，我也有回到家的感觉。由于时间比较晚了，我只是喝了一杯茶，简单聊了不到一个小时便准备睡觉了。

卢安克的妈妈是个家庭主妇，有了孩子后一直都在家带孩子。孩子上学后，她在家里教其他孩子音乐、做音乐治疗。卢安克的妈妈看起来很优雅，有些中国淑女的感觉。她大部分时间都在听我和卢安克爸爸有条不紊地谈话，有时也插几句话。她的英文不太好，经常用英文开始，然后用德文结尾，然后不好意思地为英语不好而道歉，让卢安克爸爸来翻译最后的部分。卢安克妈妈带我走到楼顶卢安克以前住过的房间，现在是卢安克爸爸的书房。卢安克爸爸在路上跟我说了，他七年前退休之后，一直都在学习各种不同的东西，并成了一个职业化的学生。卢安克爸爸学习自己爱好的人智学、建筑设计、艺术和历史等。

卢安克的房间里挂满了他在广西农村的照片，不知道是谁挂的，但是都是黑白照片，给人有些历史的感觉。其实，卢安克还在广西的农村，跟他的哥哥做一个还未公布的教育试验。卢安克由于签证原因，必须在九月份回德国，他也还没想好下一步将如何。卢安克做的帆船模型也挂在房间里，除此之外，看不到卢安克的什么东西，好像他没来过这里。卢安克的东西少之又少。

第二天早上，我本来计划好好睡一觉，可是，我听说他们一般是在八点钟吃早餐。我也只好八点之前跟他们一起吃早餐，否则他们会等我，我不想打乱他们的生活节奏。早餐简单朴素，但有营养，几乎都是有机食品。我们在吃早餐的时候，卢安克爸爸问我希望在汉堡看什么，我说希望看他，这可逗乐了他。也许他不希望自己是一个被人怀念的历史人物。但事实上，对于华德福教育在中国发展的历史来说，他已经是华德福教育在中国发展的关键人物。

早在 1998 年的时候，我在美国学习毕业后在中国准备办第一所华德福学校。我把办学计划发布在德国华德福教育友好协会的杂志上，卢安克爸爸看到这个消息后，就通过德国华德福教育友好协会捐了两万马克（相当于十万人民币），指定为中国办华德福学校用。当时，他刚刚退休，作为一名清贫的华德福学校退休教师能捐这么多钱真是让人感动。当时，我在中国找地方办幼儿园，卢安克由于在中国用旅游签证做义工不合法而被南宁的警察赶走。我和卢安克只能通过电子邮件交流，卢安克在德国打工筹钱准备再来中国。当时，也许是华德福教育在中国发展时机没到，我便回美国去继续学习和工作。一年之后，卢安克再次来到中国，他注册了德国华德福教育友好协会南宁办事处，合法地在中国开展他的工作。

2000 年我回到中国，卢安克从南宁赶到北京跟我第一次见面，并在北京接受了《北京青年报》的采访，连续两次的报道，华德福教育和卢安克在广西的工作广为人知。接着是《东方时空》的专题节目，被中国其他电视台转播，让卢安克的名气越来越大，大到让卢安克讨厌，并拒绝了任何采访和拍照。为了避免媒体和他的崇拜者影响他的工作，他去了广西东兰县广拉屯——中国最贫穷的农村。

那里的交通极度不便，希望采访他和去找他的人，没有万里长征的劲头是找不到他的。曾经不远万里前去拜访卢安克的人都说："好像去朝圣。"对任何形式的引诱和合作都不感兴趣的卢安克，生活平静得像湖水，意志坚定得如泰山，来者只好无趣地后退，并大声感叹"白跑了一趟"。

我跟卢安克的父母说，有些中国人认为卢安克是个圣人，他的妈妈只是不停地笑，样子可爱得有点像小女孩。可以从卢安克爸爸的笑容中看到他对卢安克的支持和自豪。早上，第一个去的地方是卢安克上学的学校，由于没有事前安排，卢安克爸爸也不是这所学校的教师，我们只能在外面看看。他介绍说，这所学校是所比较小的学校。当我听说有 400 多学生之后，问他大的学校有多少学生，他说有 1000 多名学生。180 万人口的汉堡，有 7 所华德福学校，按人口比例成都应该有 21 所华德福学校才赶上汉堡的水平。

　　我见到卢安克以前的音乐老师，跟她聊了几句话，得知我和卢安克的关系，这位老师平淡无奇地表扬了一下，似乎没什么了不起。他们的学生都在德国或世界各国，做自己喜欢的事情。只有中国这个特别的地方，才有人如此地推崇卢安克的高尚情操，并描绘卢安克放弃了安逸的生活，为中国的教育呐喊，成为中国"洋雷锋"等。

　　卢安克的哥哥在绿色和平组织工作，他提倡反战促进世界和平，由于过于激烈的反战示威活动，目前吃上了英国的官司，他们的官司也许会占西方主流媒体的大篇幅。但是，对于他们来说也没什么了不起。卢安克的妹妹也在非洲纳米比亚的一所幼儿园教学。他们的事迹在老家引不起轰动。**因为，人们在实践自己的理想，就如吃饭和上厕所那么平淡。可是，人就是在平淡之中创造了奇迹，**

那些挖空心思争取出名的人，在创造奇迹的过程中，反而平淡无奇，如千千万万希望拿到奥运冠军的人，大多数都在平淡无味的训练中度过一生。

5. 格林童话的故乡

和卢安克的爸爸道别之后，我坐了三个小时的火车到了格林兄弟的大学城——马堡。马堡市位于德国黑森州中部，德国的大小城市都有一所大学，而马堡大学里却有一座马堡市，六万人口的小城里有三分之一的人和这所大学有关系。1527 年成立的马堡大学共诞生过九位诺贝尔奖获得者，其中有血清疗法的奠基人艾米尔（第一位医学诺贝尔获得者）。而由马堡大学颁发的两个科学奖项是以格林兄弟和艾米尔的名字命名的。

马堡具有鲜明特点的建筑矗立在拉恩河河谷之上：古老的侯爵府、历史悠久的马堡大学，都属于历史名城马堡最具代表性的建筑；马堡还曾是德国骑士团的驻地；路德和兹威里在这里进行过著名的马堡宗教对话和关于圣餐意义的争论；德国的浪漫主义也从马堡获得了有决定性意义的推动。收集童话的格林兄弟与"马堡浪漫主义"

文学息息相关。

接待我的罗德博士是大学生物学老师，也是马堡华德福学校的高中生物老师。他组织了一帮朋友致力推动中国和德国学生之间的文化交流，支持他的一群朋友都来和我见了面。其中包括大学教授、画家、马堡市市长、华德福学校的财务总监（该仁兄几年前是德国著名的西门子公司的高级经理）。这次会面是我在欧洲之行中感到最体面的一次。罗德博士认为德国人对中国的了解非常少，应该多些交流。在他的倡导下，他们学校组织了包括支持华德福教育的马堡市市长在内的大型访问团，去年去了杭州、上海和北京，他们跟杭州的一所私立学校进行学习交流。

在学校的走廊和老师的办公室里，到处能看到来自中国的礼品。罗德博士说他们都成了中国迷。接待我住的那家人，他们一家都学习中国功夫。他们虽然没有去过中国，但对中国有非常好的印象，我在想如果某天他们看到真正的中国和他们理想中的中国有差距时，但愿他们不要感到失望。同时，马堡华德福学校的学生也在翘首期盼地等待着去中国，听他们的老师讲述的在杭州的体验，他们的感觉还是非常好的。罗德博士的夫人正准备到上海去办画展。这些鼓舞人心的交流实在让人羡慕。

罗德博士讲述了一个交流中有意思的体验：他带德国的学生去

游西湖，导游用喇叭滔滔不绝地大声讲解，生怕学生们错过西湖历史中的任何一个事件。可是学生们只是希望欣赏美丽的西湖风景，而不愿意把注意力放在讲述人的身上，他们悄悄地都走了，只剩下罗德博士，导游依然用喇叭对着罗德博士的耳朵滔滔不绝地讲解。罗德博士为了维护德国绅士的形象，表示对他人的尊重，只好硬着头皮听下去。

当杭州的学生来马堡的时候，罗德博士非常善解人意地找来了对马堡历史了如指掌的大学历史学教授给来自杭州的客人当导游。他还为找不到喇叭而感到苦恼，只好恳求教授尽量用最大的声音讲话。这个要求却难为平时斯斯文文讲课的大学教授了，因为他并非担心中国的客人是否听得到他的讲解，而是不希望看到德国游客会因为他的大嗓门而给他白眼。在公共场所被人认为不懂规矩，在德国可是一件丢脸的事。可是，在罗德博士左右为难的时候，问题却自然而然地消失了，因为杭州来的客人都忙着去照相和购物去了，哪来心思听这些生涩的德国人名和地名哦！罗德博士终于解决了大问题，从此也学会了和德国性格相反的东西，那就是不能太认真。

我们一起等公车回家的时候，我提出本来没有计划的要求，出乎意料地得到了他的配合。我建议到他的家去做中国菜招待客人。他马上采纳了我的建议，召集他的朋友到他的家去，由我主厨，开个中国大餐，这也是文化交流的一个成果。在觥筹交错的时候，我问马堡市的市长："作为市长的工作，压力最大的是什么？"市长说："压力最大的工作是，他要根据法律来执行一些违背个人价值和道德观的工作，也就是合法不合情的工作。"

马堡华德福学校是在二战之后开办的，是一所优秀、比较有历史的华德福学校。他们不仅因为和其他国家的学校有广泛交流而出名，而且他们学生的考试成绩也很好，甚至有很多华德福学校的学生从其他地区转学来这里，准备参加类似中国高考的考试。我在给高中生讲课时，学生的英语熟练程度和成熟的思想让我大为吃惊，也有学生提出挑战性的问题，如："你怎么知道华德福教育对中国的孩子有益？""你是如何处理华德福教育中的宗教教育问题的？"一针见血的问题让我感到回答起来比较吃力。如果你看过卢安克的书，就不难理解德国人好像都是哲学家，他们思考问题的方式确实不同。

第二天，我去了格林童话中《睡美人》的府邸——卡塞尔城，那里也是华德福教育的一个重镇。我参观了一所包括教师培训学院和超过一千名学生的华德福学校。格林兄弟在马堡和卡塞尔度过了一生中大部分的时间。格林童话中的故事大多是来自这个地区。格林童话的故事，原本都是在德国民间口耳相传的故事，格林兄弟把它们结集整理出版，成为流传后世的重要作品。这些民间故事并非全都是凭空想象，部分是可追溯渊源的，例如在卡塞尔的沙巴堡，据说就是《睡美人》的府邸。隐藏在森林之中的睡公主古堡，兴建于 14 世纪，但除了外貌仍保持原状之外，内部已完全变为一间豪华酒店，有十六间以不同动物为主题的房间，买了门票之后便可以随时住进公主的官邸。古堡每天都有各种活动和表演，当然少不了《睡美人》的浪漫故事，可是我却没有时间观看表演。

另一座古堡——卢云堡，和格林童话虽然没什么关系，但堡内设有古代盔甲、铜像的展示室，因为真人版《白雪公主》选取了这里作为场景，所以在古堡范围内随时看得见小矮人走过。对这些童话感兴趣的人，不应该仅仅是孩子，要知道，童话是想象力源泉之一，也是创造力的最初材料。

那些怀疑充满虚幻和不现实的童话故事是否适合孩子的人，如果看到伴随着格林童话长大的德国孩子，也成为赫赫有名的科学家，或成为富有创意的设计师时，是否还认为童话只是拿来哄骗孩子的素材？华德福教育的启蒙素材多数来自童话，尤其是格林童话。从充满想象和创造力的华德福毕业生可以肯定，教育的学问也许不像大多数人想象的那么直观吧！

瑞士华德福学校的乐团

第四章

理想中的华德福学校

瑞典华德福学校

1. 瑞典，北欧的华德福教育和人智学中心

在瑞典的斯德哥尔摩六十公里以南的小镇雅娜（Jarna），这里有很多生物动力农场、私人诊所、人智学疗养院、教师培训中心、华德福学校，还有智障人士的学校，以及其他机构散落在附近的村庄里。机构比较集中的地方是雅娜文化中心及其周边，这里的很多建筑物都是由丹麦出生的人智学建筑师埃里克·阿斯姆森设计的，尤其是文化中心，在 2001 年被评为瑞典第二大受喜爱的现代建筑。

2006 年，我第一次访问北欧时没去瑞典，在挪威访问的时候，我的向导乔翰给我讲了一个关于瑞典斯德哥尔摩的华德福学校的故事。大概是在 80 年代，瑞典国王去斯德哥尔摩华德福学校参观，他看到学校的孩子非常快乐和具有灵性，跟他的皇家教育有着天壤之别。他对华德福教育感慨不已，并决定把他的王子和公主送到斯德哥尔摩华德福学校。但是，连围墙和保安都没有的斯德哥尔摩华

德福学校，如何保护王子和公主的安全呢？这是一个大问题，经过了多次讨论之后，由于安全问题还是放弃了。

国王希望帮助华德福学校，他参观学校的时候，学校正在建一座木工坊，并需要一种很贵的特种木材来做地板，国王说，让他回去看看是否可以帮忙。结果，不久之后学校接到一家木材公司的电话，让学校去选他们需要的木材，而且数量不限，国王全部买单。斯德哥尔摩华德福学校便接收木材，不但建造了一座全世界最好的木工坊，而且建了一所全世界最漂亮的华德福学校。

这个故事让我非常好奇，终于等到 2014 年，我才有机会去瑞典，雅娜正是我要去的地方。这次纯粹是为探访朋友而来的。夏尔·安德生是很多了解竖琴的中国人都认识的朋友，他是华德福毕业生，年轻的时候在瑞士学韵律舞，回到瑞典后做乐器设计。华德福幼儿园用的五音钟琴和小竖琴大多来自夏尔·安德生的工厂。顺便提一下，华德福学校小学用的科乐尔五音竖笛工厂就在对面街。由于夏尔·安德生是华德福毕业生，也是华德福两个孩子的家长，而且曾经参与创办过一所华德福学校，又是土生土长的斯德哥尔摩人，我见面就向他求证关于斯德哥尔摩华德福学校和瑞典国王的故事，他说是有这么一回事。之后他还带我去瑞典皇家园林里的有机餐厅吃饭。

瑞典皇家在自己的皇家园林里开辟了一块地，请生物动力农业专家指导做生物动力农庄，专供自己的厨房。这位农业专家是瑞典比较有名气的人智学学者，她的孩子也在华德福学校，皇家从中了解到华德福教育之后想让王子和公主上华德福学校。夏尔·安德生说还不仅仅是安全原因而放弃了上华德福学校，最重要的原因是在华德福学校里，老师和学生不想用陛下来尊称王子和公主，比如开家长会就将会成为老师的一个大问题。瑞典的自由平等意识已经深入人心了，何况华德福学校。

　　不过，这个原来属于皇家的农庄，现在向公众开放了，并开了一家有机餐厅，人们可以和皇家享用相同的食材，还可以和皇家共享餐厅。夏尔·安德生带我去的时候是星期天下午两点多，那里人山人海，有点像中国的旅游景点那么拥挤。我从人口稀少的加拿大到人口众多的瑞典，有点不习惯。排队买一杯咖啡排了半小时后，我坚持不住了，决定离队出去走走看看再回来。可是回来的时候，人比我走之前更多了，于是，我去商店转转，在那里看到他们卖的农产品和食物没有什么精美的包装，也没有任何显眼的标签写着是生物动力农产品。对夏尔的介绍表示怀疑，因此，我问店里的工作人员是否有什么证书之类的。结果，店员给我出示了德米特认证。德米特是生物动力农业的唯一认证标志，1970 年在法国认定的全球有机认证标志是德米特标准的简化版。

下午喝完咖啡后，夏尔载我去医院看我的老朋友安娜。安娜是一名外科医生，我在成都经营西餐厅的时候，她在成都中医学院学习中医。她几乎每天下课之后，骑着自行车到我们的餐厅来，她跟我们店里所有的人都非常熟，还教员工英语。这是我们认识二十年后第二次见面，上次是1999年她去纽约开学术会，顺便看我们。现在，她也有三个孩子，最大的十六岁，最小的十岁。由于她是外科医生，上班时间非常不确定，我的朋友夏尔带我到医院里跟安娜见面。我们在医院里吃便饭，一见面，她就把手机拿出来播放她喜欢的歌给我听。这几首歌是她在成都的时候，在我们的餐厅里常播放的歌曲。她说这些歌曲唤起她的记忆，带回成都的记忆。她说在成都的几个月是她人生最幸福快乐的一段时间，她表示一定找机会带孩子们去成都旅游。

　　安娜跟华德福教育没任何关系，可是她的妈妈是华德福小学老师。因此，她的妈妈二十年前到成都看望她的时候，也来到我们的西餐厅并去看了中国的学校。她还留了她的学校、教室和孩子的照片给我。我们看着孩子长大、自己变老的过程，同时，也在追忆自己的青春。这时感觉到有这份友情从岁月里留下来是多么的珍贵啊！我期待着再次和安娜在成都见面，一起回忆成都的往事。

　　这次瑞典的旅行，最希望探访的人就是爱瑞克·索尔。我到了他的小小裁缝店的时候，他正为去中国做准备。我随口问他，去了多少次中国了，他准确地回答明天将是第五十四次去中国。一些老外到中国来是多到数不清，他是多到数得清。

爱瑞克年轻的时候去芬兰学习裁缝，当时，他跟一位老太太学习用特别的方式来制作婴儿的内衣、帽子和袜子，听说这是一门将失传的绝活。老太太去世后，他成为老太太的少数几个继承这门绝活的弟子。他把老太太的机器和制版运回瑞典，在雅娜开了一家小小的裁缝店。我看不出什么绝活的痕迹，可是，他用有机棉毛生产的婴儿帽子、内衣和袜子畅销全世界。虽然量不大，他赚到的钱，足够养几个孩子，并支持他去了五十四次中国。

爱瑞克第一次去中国的时候是1993年，当时，他希望在中国找到有机棉布。当然，中国那个时候没有什么有机棉布，于是，他找到一个中国人，希望在南京某个他说不出名字的小地方合作生产有机棉。他还资助了来自新西兰的生物动力农业专家彼得·珀洛特来做生物动力农业技术指导，但那时不是中国生产有机棉的时机，于是，他转到了印度。

在印度，他资助彼得指导生物动力农业，印度的生物动力农业发展取得了非常可喜的成绩。在他的推动下，印度北部的一个邦农业，全都是生物动力农业耕作，他以在印度取得的这个成绩为豪。2004年，他看到成都华德福学校成立并开展生物动力农业培训课程的时候非常兴奋。他给我写邮件，并来成都看我们。他还资助了印度的农业专家、彼得的得力门徒杰克朗来成都给我们培训课程。后来，我推荐杰克朗到北京去推广。北京凤凰岭公社，最早获得的生物动力农业支持就是来自爱瑞克。他还介绍了一大批华德福教育的老师、医生和艺术家给北京的华德福教育团体。

目前，他最有信心的项目就是广西巴马的农业生态村。一家来自深圳的公司在广西巴马开发生物动力农业项目，建设一个生态村。他很兴奋地告诉我，巴马已经生产出获得德米特认证的生物动力米。接着，就是生产生物动力婴儿吃的米粉，这样中国的父母不需要去买进口的婴儿奶粉。他还希望说服广西的领导像印度那样实现全区的农业进行有机生产。我问他如何实施，他说，通过中国驻瑞典的大使馆找到广西负责农业的官员。他会资助这些官员去印度考察，并尽力去说服他们。说到这里，我不得不佩服这位仁兄。

2. 丹麦，安徒生家乡的华德福学校

"小女孩，又擦着了一根火柴，这次在火焰中，出现了世界上最美丽的圣诞树。成百上千的装饰物在碧绿的枝条上闪闪发亮。比之前看到的有钱人家的圣诞树还要大，装饰得更亮。小女孩不知不觉伸出手去……突然，火柴的火焰消失了。"

安徒生曾经恍惚置身于梦境，他的生活如他的悲剧童话故事《卖火柴的女孩》那样。想不到他家喻户晓的《皇帝的新装》《丑小鸭》《夜莺》等童话故事，吸引着全世界的童话迷们纷纷来到北欧这座小城市，探访他的老家。1805年安徒生出生于贫穷鞋匠的家庭，在这座小城市度过了他善感的童年。鞋匠给安徒生做了一个线偶戏台和很多线偶，性格孤僻。为自己的长相感到自卑的安徒生跟他的线偶度过了他的大部分童年。线偶戏台也陈列在安徒生住过的不超过七平方米的房子里，现在我终于找到了华德福教育通过布偶

和线偶让幼儿发挥他们想象力的例证。鞋匠在安徒生很小的时候去世了，安徒生的母亲为了生活便给人洗衣服。他母亲洗衣服的那条小河依然从他的家旁流淌着。那条给安徒生编织着《丑小鸭》童话的小河上，依然有"丑小鸭"和白天鹅游荡着。

这座城市叫欧登塞，是丹麦第三大城市，人口十八万，但是这座城市富可敌国。城市里似乎每一座建筑，每一座雕塑，甚至每一块铺街的石头都经过挑选而来的。不知道是这座充满艺术气氛和童话色彩的城市造就了世界级童话大师安徒生，还是因为这位世界级童话大师安徒生让这座城市充满了童话色彩和艺术气氛。这座城市最高的是一座十八层高的建筑，也是看起来唯一代表着现代化的建筑。其实，这是非常谨慎的丹麦人犯了一个错误而建的。市民们意识到问题之后，有人建议把这座怪物推倒，可是教育理念先进的丹麦人把它留着当教材用，这也是慷慨的欧登塞人最贵的一台教具。

由于这是一位建筑设计师的败笔，开始没有人愿意住在里面，政府宣布这是犯下的最后的一个类似的错误。追求个性的欧登塞人，由于这座大厦的唯一性而挤破了头争相购买，物以稀为贵。最后，只有丹麦财大气粗的银行才有钱来买它，在这里我不得不佩服欧登塞人的幽默和文化特色。

在这样富有文化的城市，有一所特别的华德福学校也是自然而然的事。欧登塞人或者说丹麦人挖空心思来创造各种途径，让孩子通过人的各种感觉来学习。我们通常知道的只有六种感觉，可是华德福教育的创始人鲁道夫·斯坦纳认为人有十二种感觉，欧登塞人有无数的办法和途径来发展人的十二种感觉。他们认为通过感觉学到的知识才是有用的和有意义的知识，才能成为人的智慧。不通过感觉和体验而来的知识，充其量也只是信息。因此，如果你做出让人感到不可思议、不符合逻辑的事，或说出让人感到不可思议、不符合逻辑的话时，他们会说："It doesn't make sense."（它不可以产生感觉），而不说："I don't understand."（我不明白）。

欧登塞的华德福学校便是通过发挥孩子的感觉来学习成长的代表性学校。首先，学校的建筑是有机建筑。有机建筑设计是人智学艺术的最高体现形式的一种，因为建筑设计融合了光、声、力、气、色、线、型、体等通过物质来表现精神的最高形式。为了让孩子们在地下室运动场感受到艺术和地下的感觉，他们设计了漂亮的岩画和壁画，让孩子在一个见不到太阳光的地方也有独特的感觉。而且，只有这个地方才是产生岩画和壁画的地方，让人有了自然的感觉。

让人有自然的感觉才是人之所以成长为人的必要条件，因此，人们在追求与自然和谐，以及自然的感觉。追求天然和自然的道家思想，做到天人合一，并非中国独有，乃是人的天性。现代社会里，人们的物质化、机械化和电子化生存，缺乏自然的感觉，因此，现代社会的孩子很快成为有血有肉的、没有感觉的、冷酷无情的、孤独的"机械人"。长期困在笼子里的动物，如果放归自然之后，不会猎食和自我防卫，那么结果不是饿死，就是被吃掉。

让我感觉到最直接的是泥泞的校园。连续几天的小雨，在一尘不染的欧登塞街上，对雨天没有任何的感觉，可是到了欧登塞的华德福学校，马上有了阴雨朦胧的感觉。我的脚找不到一块干的地方踏下去，因为整个校园只有篮球场是水泥地，其他地方都是草地或裸露的地。看到一二年级的孩子，穿着雨靴在积水的地方踩着水玩，浑身是泥巴却不亦乐乎。我举起相机捕捉这些"证据"，证明成都华德福学校让孩子玩沙和水是符合孩子天性的活动。

在丹麦，让孩子"拖泥带水"回家是学校给予孩子足够自然体验的有力证据，也代表有钱人和知识分子的品位。他们的幼儿园更是玩到巅峰。我去参观幼儿园的时候，老师刚刚把孩子们从林子里带回来，每个孩子被泥巴盖着看起来都像电影里的罗宾汉，面目全非。在寒冷的冬天里孩子们在野外嬉戏，一点都不担心他们会感冒，相反，个个都生龙活虎的样子。如果是中国的孩子，也许第二天有一半的孩子会病倒。

安徒生十四岁的时候跟他的妈妈说："*我必须出去看看世界。*"他搬到哥本哈根去求发展，他的梦想是上舞台当演员。貌不惊人的安徒生真是自不量力，一个没受过什么教育的穷苦孩子，甚至爱上了当时大名鼎鼎的瑞典歌剧明星。由于安徒生有充满童话的想象力，只有他才敢把自己跟歌剧明星联系起来，如把小丑鸭和白天鹅编织在一个童话里那样，《丑小鸭》实际上就是他自己的化身。

当不成演员的安徒生开始写话剧，希望通过他的话剧来让他挤进舞台，他的梦想是成为有名的人物。他的话剧被一位剧院的老板看好，认为安徒生的未来会比安徒生自己想象得更好。因此，这位老板资助了安徒生上学。安徒生的脑袋里除了美妙的故事还是美妙的故事。因此，他的老师鼓励他写故事，并推荐他到启发人的想象力的地方——意大利去学习。

安徒生的童话从意大利开始传遍整个欧洲的时候，他真的没想到自己已经成为有名的人物了，但还未能确信自己并不是当演员的料。他对舞台的痴迷全部倾注在那位大名鼎鼎的瑞典明星的身上，可是瑞典明星另有所爱，伤心的安徒生为此而写了《夜莺》，并终身不结婚。安徒生伤心之余开始了无止境的旅游，他的名言："To travel is to live."（旅游便是生活）成为丹麦人的写照。

丹麦只有五百多万人口，但在世界任何一个角落都可以看到丹麦游客，而且数量不少。很多丹麦人至少会讲三种语言，而且他们的外语水平非常高，有很多人的外语像母语一样好。丹麦人的开放和自由跟他们的富足成正比，艺术化生活成为他们的生活目标。任何一个人的家里都有各种有名的或名气不大的艺术家的作品。

　　我被安排给全校的高中学生讲了三个小时的课，我用英语讲课，孩子们都能听懂，并提出很多问题。他们表示一定要到中国去旅游和学习。听说，他们自发地成立了帮助成都华德福学校的协调小组，想办法筹款支持我们的学校。这是我们希望看到的，也是他们的老师资助我来这里访问的原因。接待我的老师一语道破，他说：**"这个年龄阶段的孩子，他们的注意力全部集中在自己的身上。如果你有什么吸引他们，让他们对自身以外的东西感兴趣，那就是最好的教育。"** 原来发动他们的高中生来支持我们在中国的学校，也是他们教育的重要部分，见识华德福教育的先进了吧！

3. 丹麦，让人看不懂的艺术

奥胡斯是北欧海盗的发家地之一。来自欧洲大陆，靠精湛的造船和航海技术，到北海游荡，以烧杀抢掠为生。维金海盗的臭名从七八世纪开始名扬四海，人们听到维金就心惊肉跳。海盗的铁蹄踏遍北欧，甚至，征服了大不列颠岛（英国）并跟俄国沙皇对峙。

丹麦因此建立了一个横跨挪威、瑞典和德国北部的北欧大帝国。努克王战死于英国沙场之后，他的后人不断地失败，相继失去大片土地，直到只留下现在的丹麦一小块地方，成为北欧最小的国家。有些丹麦人还为自己是不争气的败家子之后代而有些自卑。

奥胡斯是丹麦第二大城市，有二十二万人口，有八座博物馆。人们用银行比米铺多来形容城市的富有，我觉得应该用博物馆比米铺多来形容城市的富有。不是因为博物馆里陈列着无数价值连城的艺术品和历史遗物比银行的钞票更具有价值，而是因为人们把钱变成艺术品之后，也就是把银行变成博物馆之后，才说明人的真正富有。那些只是看着银行存款的数目递增之后，通过银行全民炒股的市民，充其量也不过是从守财奴变成投机客而已。**这里的市民星期六去博物馆已经是一种时尚，同时代表着一个人的品位和生活质量。**

早上到了奥胡斯，把行李放下之后，接待我的老师雅培就列出了一大串博物馆的名字由我选择，如现代艺术博物馆、消防博物馆、女性博物馆等等。我不知道如何选择，因此，他建议从最大的开始，这也是我的"博物馆经验"。虽然我也去过英国的大英博物馆、纽约的大都会博物馆、巴黎的卢浮宫、波士顿和华盛顿的现代艺术博物馆，并认为博物馆越大越值得看，结果只能说明我也算个博物馆盲。

结果，我们还是先去了现代艺术博物馆，虽然这所博物馆并不是全市最大的博物馆，听说奥胡斯政府还是希望把这所博物馆建成毫不逊色于伦敦、纽约和巴黎的世界级博物馆。我要强调的是这所新建的庞大建筑是由奥胡斯华德福学校毕业生设计的。雅培老师开玩笑说："其实，我认为这里的艺术作品，都没有这座建筑物那么有看头，很多人是冲着看建筑设计而来的。"他说："由于这名毕业生的优秀设计，给奥胡斯华德福学校带来不少的光环。"在西方，很多人都有个共识，建筑是艺术的最高形式。对艺术趋之若鹜的富裕西方社会，定时或不定时地提出**"究竟什么是艺术"**这个问题，结果这个问题也成了艺术。

我们看到展出的艺术电影中，一个小电影，画面是一个男人平躺面向天空，一架遥控直升机在上空盘旋，原来有一条线连接着男人的阳具，画面好像是光碟卡机那样不断地重复。虽然我不能就**"什么是艺术？"** 发表什么高见，但是艺术的表现方式是否够艺术品位，我想每个人都应该可以发表自己对艺术的感受。如果这算是艺术的话，你认为该艺术作品的品位如何？

我和雅培老师好不容易在人头攒动的咖啡厅里，找到了一个角落坐下来。奥胡斯的博物馆跟中国的百货公司那么拥挤，而中国的博物馆很多时候却跟奥胡斯的商店那么冷清，甚至干脆在星期六关门（欧洲很多商店星期六下午关门）。这是我们打开话题的地方，雅培老师不明白为什么人们突然间那么迷恋博物馆和艺术，他也怀疑是否人们都懂艺术欣赏。

我们在猜测人们是否在跟风来博物馆显示自己有品位。不过把艺术跟品位以及富有联系起来的文化，总比把艺术家跟贫困乃至颓废联系起来的文化强。多少误解艺术的"艺术家"把精神颓废的表现形式当作艺术来卖钱，颓废的人多了，那么这类"艺术家"也就有了市场。无论如何，未出名的艺术家大多都是贫困潦倒的，过去是这样，现在也许还是这样。

4. 挪威，理想中的华德福学校

去挪威访问的第一站是挪威西海岸的斯塔万格。斯塔万格位于挪威西海岸博肯峡湾中，因面临大西洋，海上交通便利，是挪威有名的商港和渔港。斯塔万格的港口是挪威与英国及欧洲大陆的贸易港。斯塔万格始建于 8 世纪，此后的数百年人口从未超过 2000 人。

1810 年一个法国人在斯塔万格建立第一个沙丁鱼罐头加工厂后，发展迅猛，最后成为欧洲最大沙丁鱼罐头加工基地，人口急剧增加。20 世纪 70 年代后，由于北海油田的开发，斯塔万格成为油气田设施和船只的维修基地。如今，按人口计算，斯塔万格在挪威各城市中名列第四。斯塔万格是名副其实的"北海油都"，虽然是油都，但是油也非常贵，政府通过收取高额的油税来发展公共交通。欧洲人的心目中的文明和进步，追求什么样的生活质量，我们应该清楚了。

到斯塔万格华德福学校的时候，挪威华德福孩子们也相继到了学校。斯塔万格华德福学校要算是我访问的第一所学校了。这所学校的建筑全部按鲁道夫·斯坦纳提出的有机建筑的理念而建，所有的建筑物都被有机建筑的书籍列为经典之作。

在他们十二年级的教室里备课的时候，我看到了日本著名有机建筑设计教授上松佑二的书《有机建筑》，该书是一本全面地介绍有机建筑设计的书。书中收罗了斯塔万格华德福学校的所有建筑物作为建筑设计的经典例子。十二年级的学校正在学习和研究有机建筑，他们正在研究如何设计该学校将要建设的新演会中心，并在做建筑模型。他们的学校刚刚接受一笔2000万克朗的匿名捐款，并指定建设一座演会中心，这笔钱可以让学校把建筑艺术玩到巅峰。因为2008年斯塔万格将被评为欧洲城市，全球有名的建筑设计师都希望来这里露一手。

学校也希望把这座演会中心建设成另一个有机建筑经典，而且达到国际标准，以便欧洲城市的盛会在斯塔万格市举行时，各种大型音乐、话剧、芭蕾和现代舞等演出都可能来这里进行。持续一年的欧洲城市盛事，将把斯塔万格华德福学校漂亮建筑和文化带给世界各国的政治、经济和文化精英，也有不少游客将来参观。华德福学校也起到了真正的文化中心的作用。

在这里还可以看到 1866 年雨果来到斯塔万格，游览祭祀普雷克斯多伦时留下优美的诗篇。每逢夏天人们总是汇集在这里沐浴阳光，欣赏大自然的风光。一座完美的木制建筑雷道勒是斯塔万格的代表性建筑。这座完美的木制建筑建于 1799 年至 1803 年，原来一直是吉兰德家族的财产，到了 1936 年被市政府收为国家所有。如今它既是博物馆又是皇宫，是挪威国王或政府在斯塔万格举行国宴或招待会的地方。

访问斯塔万格华德福学校后，当天晚上又坐飞机去了特隆哈姆访问另一所华德福学校。这个周密的行程和安排是由挪威全国华德福教育家长联盟主席约翰·诶迪先生定好的。约翰 2005 年得知中国也有华德福学校后，去了中国访问我们。这次，他张罗着我在挪威的旅行、参观和讲座。全世界除了挪威之外，还没听说过哪个国家有全国性的华德福学校家长联盟组织。

挪威全国华德福教育家长联盟最重要的工作目标是游说政府给予挪威全国的华德福学校百分之百的资助，而不是目前政府对他们的百分之八十五的资助。我问约翰有希望吗？他说有希望，因为挪威当时的总理就是华德福学校的毕业生，而且教育部长也是，国防部长的孩子全部都在奥斯陆的华德福学校里。

约翰的理由是挪威的经济是北欧最好的国家，比富有的瑞典更好，但是瑞典的政府百分之百资助华德福学校，挪威应该可以做到。挪威只有 400 多万人口，却有 36 所华德福学校，按人口比例来说，成都至少要有八十所华德福学校，才能跟得上挪威的发展水平。

斯塔万格华德福学校是离理想学校最近的学校，不是因为得到政府的支持和资助，哪怕政府只资助学校预算的百分之八十五也是非常理想的。由于挪威的地阔人稀，有足够的空间，该学校紧靠着一大片森林，学校所有的建筑都是有机建筑，人们生活自由而富足。

当然，他们也和其他富裕国家的学校那样，学校的用具和设施做到了最高标准，从学生的桌子，教室的黑板，学生用的蜡笔、铅笔和粉笔等等都是质量顶级的德国史都曼和荷兰莫丘里的产品。最让人羡慕的是他们的毕业生可以不参加毕业考试，凭着教师的评语来选择他们要上的大学。约翰说，当代挪威比较活跃的艺术家、建筑师、音乐和演视制作人，有不少的华德福毕业生。

5. 芬兰，和华德福理念接近的公立教育

我 2006 年那次的北欧之行没去芬兰，不过，最近，世界各国的大小参访团体蜂拥而入，一心想要了解芬兰教育成功的秘诀何在。一团接一团来参访，多到让芬兰教育机构应接不暇，其中来自西欧国家像德国、奥地利、法国、英国、西班牙、意大利、荷兰、瑞士，甚至像北欧邻居的冰岛、丹麦、挪威，以及大西洋对岸的美国等等，都派了无数的参访团来芬兰"取经"，更不用说来自亚洲的日本、韩国、马来西亚等代表团了。

然而，**世界各国教育体系和师生群体所拥有的各种焦虑、竞逐，在芬兰却都归于最根本的人性化思维，以行之自然、不急不慢、不争不抢的基本理念贯穿整个基础教育**。在芬兰教育中，学校与学校，不会去做无谓的竞赛、排名，学生与学生，老师与老师，更不会做原本起跑点就不公平的较劲；所有的评估与考试，都是为了让学生知道从哪里去自我改进，提供日后成长的基础与学习能力进步的空

间，从来就不要去挫伤学生与老师的士气，和成为讥评他人落后、不长进的工具。从芬兰的公立教育里，可以看到华德福教育的影子。

《纽约时报》2011年12月21日比较美国和芬兰的教育中，找到了一些答案，以下为芬兰教育的特色：

（1）7岁才上学；

（2）几乎没有家庭作业；

（3）16岁才有第一次考试；

（4）政府只提供指导性的教学大纲；

（5）不分快慢班、尖子班之类；

（6）老师的地位跟律师和医生一样；

（7）所有的老师必须有硕士学位；

（8）大学毕业生中成绩在前10%的学生当老师。

帕什·萨尔伯格是一位芬兰教育工作者和作家，上周的一个早晨在曼哈顿对德怀特学校的高三学生问道：**"在座的各位同学有谁希望成为一名教师？"** 在这个十七人的班级里，只有两位同学举起了手，其中一位略显不情愿。**"在我的国家里，愿意做教师的同学大概有四分之一。"** 萨尔伯格博士又自信地补充说道：**"实际的人数应该比这个还要多。"** 在随后的采访中，萨尔伯格博士说道，在芬兰，教师们每天通常要花四个小时的时间在教室里，每周必须进行两个小时的专业发展学习。在他任教的赫尔辛基大学，去年有

2400 名教师参与竞争 120 个名额的全额赞助的硕士项目。"获得教师教育的项目比法学专业或医学专业要困难得多。"

萨尔伯格博士认为芬兰教育的成功主要依赖于优质的师资。从一开始，优质的师资就已经成为个人获得各种成功的主要路径，当它与学校相遇，就对所有事物带有某种美国式的热情。

周一，萨尔伯格博士是芝加哥教育大会的主要发言人。

周二，他返回赫尔辛基大学参加由芬兰总理主持的独立纪念日的聚会。这是一项众人期待的大型活动，很多人都会通过电视对此进行关注。

周三，他应邀到华盛顿参加他执笔的新书发布会——"芬兰经验：我们能从芬兰的教育变化中获得什么启发？"这场新书发表会吸引了白宫和国会的很多人士。

周四，萨尔伯格博士在曼哈顿上西区的德怀特学校停留了一天，这所学校是一所国际性的营利机构，也正是在这所学校，萨尔伯格博士对学生了提出了篇首的那个问题。

作为一个约有 550 万人口的国家，芬兰规定儿童到 7 岁时接受正规教育，到中学时才开始布置家庭作业和考试。2009 年，芬兰的学生在举世瞩目的国际测试中，在数学、科学和阅读领域的成绩位居首位，而美国学生在这次测试中，阅读领域排名第15，数学领域排名第19，科学领域排名第27。芬兰的教育成效引起了美国教育研究者和政策制定者的关注，由此掀起了一股芬兰热。位于华盛顿的芬兰大使馆举办了多次诸如"**为什么芬兰的孩子如此聪明?**"研讨会，并为教育同行们组织了参观访问团。

从2005年至今，赫斯辛基教育部已经组织了来自40多个地区共计100个官方团体前往芬兰进行参观。芬兰的学校也已习惯了被如此关注，他们通常热情地用糕点和民间舞蹈来招待外宾。萨尔伯格博士补充道，不过现在这些"拥挤"的观察者们已经给芬兰的学校带来了一定的困扰。

美国教育政策研究主任马克·斯耐得认同芬兰教育模式具有一定的意义，"但是我还不太确定我们究竟需要多少合适的课程"。马克认为："芬兰热"是一种"过度的崇拜"，并且是炒作出来的。而斯坦福教授琳达·哈默德博士认为芬兰的教育模式是一种适合各州的卓越模式，在这里她特别提到了肯塔基州。

哈默德博士说："事实上，我们是一个多种族、多民族，并且经济发展不均衡的国家，我们面临着很大的关于贫困的问题，可我们依旧希望拥有优质的师资。那么，策略就变得非常重要。"哈默德博士继续说道："三十年前，芬兰的教育体系杂乱无章，极为普通，很不公平。它具备与我们体系相同的大多数特征：自上而下的评价体系、广泛的跟踪、流动性较高的师资，可他们却尝试改变了整个教育体系。"

哈默德博士和萨尔伯格博士都认为在 20 世纪 70 年代有一个转折点，即政府要求所有的教师必须拥有硕士学位，并要为此"买单"。芬兰学校教师入职时的薪酬在 2008 年时是 2.9 万美元，是当时资深教师的 96%，根据经合发展组织的报告，同年美国学校教师入职时的薪酬是 3.6 万美元。

更让人惊奇的是，芬兰并不提倡家庭作业的训练，学生在 16 岁以前几乎没有标准化的测试，如果在 7 岁以前入学，则会被他们视作对儿童成为儿童的权利的一种侵犯。在德怀特学校期间萨尔伯格博士为高三年级的学生上了一堂关于知识的理论的课，然后与学校管理者和部分教师成员进行了交流。

"最初的六年教育并不以学业成就为目的，"他说，"我们并不对学生进行测评。我们只是让他们为学习作准备，并试图发现他们的兴趣所在。"

萨尔伯格博士现年 52 岁，曾任数学教师，现在是教育部官员。他出版了十五本著作，在他最近出版的一本书里，他这样写道：这本书的第一版在一周内售罄，只是反映了人们对他的国家的教育体系的一种极大关注，这并不代表着芬兰的教育模式就是最好的教育模式，他开始注意到不少地区开始按部就班地沿用他们的教育理念进行改革，他非常期待改革的效果。

"**不要试图尝试每一种不同的教育模式。**"他告诉德怀特学校的老师们，"**毕竟教育是一个非常复杂的系统，因此并非每一种教育模式都会富有成效。**"萨尔伯格博士指出，除了优质的师资以外，芬兰国家的路德教信仰，对不同宗教信仰的平等接纳，1957 年起决定在外语电视节目上制作字幕……都为芬兰教育模式的成功提供了重要条件。

萨尔伯格博士认为芬兰教育模式的成功离不开基础教育，从 7 岁到 16 岁，约 95% 的芬兰人接受着职业教育或者学术高中教育。他说："**教育的主要目的是为整个社会的平衡服务。**"

萨尔伯格博士还认为，芬兰教育模式成功的另一个原因是因为"只有死鱼才随波逐流"。芬兰的教育模式是一种与全球化教育改革运动不同的非主流模式。全球化的教育改革运动以核心课程为基础，强调竞争，重视标准化，以考试为责任，惯于控制。

"*这里的教育政策要么是认为应该怎么做，要么就是闪烁其词。*"他说，"*我们不喜欢如此。我们只是希望做得比瑞典好一些，对我们来讲足矣。*"

瑞士人智学协会总部

第五章

扫描华德福教育

瑞典皇家花园里的有机餐厅

1. 瑞士，人智学协会的总部

斯坦纳在瑞士建立了人智学协会的总部，他自己还特别设计、主持建造了歌德馆。

1912 年，斯坦纳离开了通神学会，并创立了人智学协会，目的是把精神研究从情绪化的煽情主义的约束之中解脱出来。他坚信每一个人只要愿意敞开自己，进行修行，都能具有对精神世界的洞察能力。他把人类古老的智慧放在最重要的位置，认为时代已经要求人们对自己的心灵负责任，神秘学学者必须让人们自由地学习精神科学，像追求其他科学一样追求真理和关心人道。

人智学创立之后，很快就在全世界迅速传开，许多地方开始成立人智学协会。追随人智学的专业人士根据斯坦纳对教育、医学、农业、美术、表演等领域的论述建立起完整的理论体系，展现出具有特色的专业流派。

鲁道夫·斯坦纳，在著作《更高世界的知识》（1909 年）里提到："事实上，神秘学知识和其他人类所知的知识或技术，并没有什么差别。"对他而言，灵性或精神性的事物，应该能像几何学或其他学问一样的方式被描述、被一般人理解。现代每一个人，都能够自由涉足从宇宙到自己的内在之间的任何领域，也能指导自己的学习和灵性成长。曾经神秘的面纱已经卸下，也不再需要秘密的结社与聚会，大家都能够自由地讨论、思考任何事物，包括还未被确定是否存在的世界。

我们的思考本质上并非是物质层面的活动，思考不仅仅是理清日常生活的理性工具，还能帮助人们脱离物质条件的限制，进行全然自由地创造性思考，带领我们超脱原本的生活与束缚。**鲁道夫·斯坦纳开始了这探寻的旅程，通过客观和有系统的观察与思考，在经验中总结出概念；人类自身和宇宙的智慧慢慢成形。他们称之为：人智学或是灵性科学。它是以灵性视角观看自身与世界的关系，获得一种了然于心的理解，而非抽象冰冷的知识。它帮助人们了解生命的旅程，包括死亡之后和出生之前。**

斯坦纳认为，这世界不仅仅是物质聚集而成的，在物质世界之上还有"生命"，以及依附着生命的物质。我们触碰、倾听与观察这物质世界，但对于"生命"需要一种不同的感知。如拿砸醒牛顿的苹果来说吧！苹果遵循着物质法则，也就是万有引力，从树上落下；但一个更重要的问题**"那苹果是如何跑上苹果树的"**并没有被回答，苹果如何跑到树上是一种不同于物质法则的生命力法则，人智学协会就是研究这个生命力法则的协会。

第一次世界大战期间，中立的瑞士获得了很多德国的人智学学者和华德福学校老师的支持。这个提倡和平友爱的教育也符合瑞士民众的追求。人智学和华德福教育的中心在那时从德国转移到瑞士。斯坦纳在瑞士多纳赫建立了人智学协会的总部，由他自己特别设计、主持并亲手做雕刻，建造了一座庞大的全木建筑，命名为歌德馆。这座花了整整十年才完工的建筑物，融合了特殊的设计和雕刻艺术。可惜，在 1922 年因为人为纵火而毁。现在歌德大堂已用钢筋混凝土重建。这里是世界性的人智学活动中心。

2006 年，我准备去瑞士的歌德馆开会，要去北京的瑞士大使馆申请签证，就在启程前接到了大使馆一位男士的电子邮件。来信中说：他名叫鲁克斯，他的父亲是一位退休的华德福学校教师，他自己也是华德福毕业生，通过瑞士的人智学总部找到了我的邮箱，现在在瑞士驻北京大使馆担任一等秘书，如需要帮助，可以联系他。我到北京后就很顺利地拿到了签证。2014 年，北京春之谷学院成立，负责组织华德福教师培训和人智学课程。德国大使馆参赞贝·明可先生代表德国大使馆表示祝贺，也发表了演讲。

华德福教育在瑞士得到了多年持续的发展，瑞士也是继德国之后华德福教育最发达的国家，而且华德福教育广泛地影响着瑞士的主流教育。瑞士有 30 多所华德福学校，在伯恩省有 100 多所公立学校都在实践华德福教育的理论和方法，在政府的教育部门里还有大量的华德福教师担任顾问和一些重要职务。

2. 歌德馆，华德福的圣地

歌德馆在结构上想要表达的，似乎是如何在两极之间，找到中庸之道，一个平衡点。

歌德馆坐落于瑞士多纳赫一片缓丘上，许多房屋被茂盛的绿树环绕，错落有致地面向西方谷地。纯净的空气里时时传来不同花草的芳香，清澈的阳光温柔地在绿叶与手臂上发亮。宁静与安详，随着步伐的放慢而流入心里。当地人们的笑容很温暖，对外来不同的人种并没有什么好奇，因为这一个小村庄的国际化程度比瑞士任何地方都高。

走近这些房屋，才注意到很多房子的形状都不太一样，姿态或温柔或坚毅，或持重含蓄，或朝天伸展，就像是有生命的形体生长在树林之间。后来才知道这是斯坦纳提倡的有机建筑。在这群聚落之中，这片缓丘顶上，被农园、果树与花园环绕着的，是最大的建筑，这个建筑称之为雕塑更恰当，形体上不同的肌理，在舒缓与紧绷之间变化着，静静地凝望夕阳落下，这就是歌德馆。

每次提到这座歌德馆，不得不告诉你，这是第二座歌德馆，第一座歌德馆在 1922 年圣诞前夕被大火毁掉。幸好有位艺术家按 20：1 的比例为第一座歌德馆做了一个全模型，参观歌德馆时可以从他的作品中体验身处第一座歌德馆的感受。这座建筑物是众多创举的集合，木匠、画家、雕塑家齐聚于此，创造新的艺术作品——极大跨距的木造穹顶、彩色玻璃窗和玻璃浮雕、黏合木板、木雕。

第一座歌德馆的兴建也是个很有趣的过程。欧洲各地的能人巧匠，自发地前来协助，贡献一己之长，并以此为荣。可贵的是当时欧洲政治局势和气氛非常紧张，战争就要来临，他们却放下彼此背景或想法的相异，精诚合作。

1913 年秋埋下奠基石后，近 600 名工人以惊人的速度建造，六个月后大家已在高达 27 米的完工的穹顶上庆祝。那种和谐互助的精神和共同创造出伟大作品的热情，围绕在整个工地。两年后，第一次世界大战爆发了。许多人被征召回国，不得不放下工具拿起枪支，投身无情的战场。但对歌德馆美好合作的回忆，已成为他们内心闪亮的光芒，在黑暗的时代带来人性的温暖。在战争中期，虽然在工地都能听到法国边境战场的炮声，但那炮声一点也没打扰工地宁静的气氛。

这座建筑物可以算是地球上的一个奇迹，如果你注视着这座建筑，就能让你的内在发生转化。你可以看到环绕在大厅周围的雄伟支柱，撑起整个穹顶，其实里面暗藏很多玄机。如在每根五角柱之中都用另一种不同的木质，也以五角柱体嵌在中心。进门第一根木柱中心的材质，是第二根木柱的外壳；而第二根木柱的内心，是第三根木柱的外壳。这样的顺序有如一个生命的历程：一开始隐藏于内的，在下一个阶段得以成熟开展；同时又孕育着新的种子，在未来开花结果，由此传递出一重要的信息——**"生命的蜕变"**。

比鲁道夫·斯坦纳早约百年的德国大文豪歌德科学地观察与思考**"生命的蜕变"**。歌德将每片叶子与五颜六色的花瓣，都视为一株完整的植物。而植物生长的过程，就从一片子叶的伸展开始，子叶经过成长蜕变，成为一株植物。从此推论，这整株植物，就是一片比较繁复的叶子。这样的观察可以扩展到任何生命体，帮助人们了解每个生命都在成长、转化着，在生灭中圆满。人智学的一个核心就是用这种方式去探索生命，把蜕变、变化、进化视为发展中的过程。人们为了纪念歌德的发现，将这座建筑物命名为歌德馆。

鲁道夫·斯坦纳在主持设计歌德馆的过程中通过大量不同的艺

术形式来表现人智学。为了给这座建筑物制作彩绘玻璃，专门在建筑工地附近建立了彩绘玻璃工坊，他为歌德馆亲手雕刻一个代表人的五米高的木雕，由于没及时完工而留在工坊里，因而逃过了火灾，这个巨型木雕现在展示在新的歌德馆内。

歌德馆实际上是有 1000 个固定座位的大礼堂，甚至有点大教堂的味道，由两个大小不一的圆形重叠构成，小的圆拱下面是舞台，大圆拱下面是观众席位。斯坦纳建这座大舞台的最大目的是在舞台上表演他写的《神秘剧》、创造性的演说和韵律舞。在没有电影和电视的时代，话剧表演艺术是传递人智学的重要形式，尤其是对那些不认字的人。话剧表演也是在平凡形式中注入现代意识与品质，展示未见的精神世界的重要方式。**斯坦纳希望通过艺术从我们的内在感受到某种启发，在灵光与崇敬感中隐隐作响，带领我们从物质经验到灵性，透过艺术，灵性在物质形体上得以表达它自身的存在。**

第一座如一樽巨型雕刻艺术品的歌德馆被焚毁后，他们遵循鲁道夫·斯坦纳的指引，继续往前看，积极面对未来。尽管他知道是哪位故意纵火，他并不想用仇恨来回应，而是采取理解和原谅的方式，而这是他一生中最困难的决定。火灾后一年，1923 年的圣诞年会上，有人建议按原来的样子重建。斯坦纳不支持这个建议，他希望被烧的歌德馆留在人们的心中就好了，不打算重现第一座歌德馆。因为所有的创新都是鲜活的，连建筑也不例外。

新的创造必须呈现新的样貌，表现不同阶段的成长。

斯坦纳说如果重新建一座歌德馆可以盖在同一地基上，表达的是一种由内而外蜕变的过程。于是，他们采用钢筋混凝土结构修建了第二座，打造了完全不同于第一座歌德馆的建筑风格。两年后，斯坦纳去世了。直到 1928 年歌德馆外部结构才完成，之后这座巨大的建筑如烂尾楼那样坐落在山坡上几十年，一直都没完成。

现在在歌德馆内看到的所有的内饰和内部结构的规划至施工全由人智学学会的成员负责完成。1930 年，二楼结构（包括大厅）完工；1951 年，完成至五楼；1993 年终于达到顶楼（七楼）；1998 年，大厅室内设计竣工；直至今日，北侧楼梯井仍未完成，等待足够的捐款来完善。因此身处不同楼层，能辨认出不同年代的特色，又在相异之间感受到整体的和谐。

如果俯瞰，歌德馆大小两个穹顶与三个门，就像是个刚出生的宝宝，一个新生命的开始，所有的奥秘、成长在里面静静显现出来。第二座歌德馆，呈现了外在的力量，并在建筑造型的过程体现着这生生不息的自然现象。从坚实地站在地面的立柱，到广纳苍穹的圆弧屋顶，以及内部空间之间，都能看到那大千有情世界的丰富形态。要实现这个全新构想，只能把建筑当雕塑来创作。

斯坦纳是少数能尽情发挥水泥特性的艺术家之一，因为水泥从浇铸到成形，是液态转变成固态的过程，它本身的抗压力与钢筋的张力互补，正好提供最多样的造型可能。可以想象用陶土搭建整座歌德馆的模样，并设法维持到泥土干固。从工艺、自由雕塑的外形，到建材、尺度，从当时的建筑水平看是划时代的创举。这一创举从歌德馆发展出来，后来在其周围近百间建筑上得到应用。世界各地的人智学建筑设计师来这里学习，并回到各地进一步地发展和改善，在有机建筑史上自成一格。

歌德馆的美感不仅在于外观，外观与室内功能也是相呼应的。如果从歌德馆的西边正面和东边背面看，姿态截然不同。站在西边门口，面对大片的玻璃窗，如一把扇层层展开的建筑立面，既不拒人于千里之外，也不故作神秘，让客人感受到的是欢迎的气氛；而东边背面，大厅舞台的位置则相反，大片的单面墙壁与小小的窗户，封闭、沉稳，摆明了不是入口，但给人坚定的依靠感。

墙后面是演说者、艺术家与表演者面对大众的舞台，他们在这强有力的屏障之后，一种内在的安全感中专心于舞台呈现与演说。而从侧面看歌德馆，从西边正面到东边背面，建筑外表从复杂到简单的变化，隐喻了我们的生活外在世界的万象纷呈，逐渐沉淀进入内在，从思考中结晶出简洁的，能化为行动的种子，等待适当的时机萌芽。

在参访歌德馆的行程中，解说员也遵从这个原则。进入歌德馆后，入口高广的空间里能听到自己脚步的清脆回响声，客人会被每个空间特别的形体或色彩吸引，好奇地在不同楼层穿梭，体会空间氛围的变化或之间的关联，最后在安静无声的大厅坐下，试着在这些特殊的经验中理解些什么，或是静静地咀嚼其中滋味。

歌德馆在形体上想要表达的，似乎是如何在两极之间，找到中庸之道，一个平衡点。从天与地、圆弧与直线、动与静、内与外之间，找到自己立足之处，找到调和之法。也有人说，在歌德馆可以看到人体的骨骼形态，那是物质结构受到生命力量形塑的样貌，或是那超然于纯物质之上的生命潜能，在物质上运作的轨迹。

3. 荷兰，公立化的华德福教育

荷兰的华德福学校得到政府百分之百的财政支持，几乎成了公立学校。

荷兰是德国以外第一个创办华德福学校的国家，海牙的华德福学校是全球第二所华德福学校，也许正是这个原因，世界华德福教育联盟和华德福教育欧洲联盟总部都设在荷兰海牙。这个联盟向欧盟争取到很多支持。荷兰的华德福教育也积极地影响了公立教育，荷兰有 90 多所华德福学校，而且**荷兰的华德福学校得到政府百分之百的财政支持，几乎成了公立学校。**

以前我对荷兰华德福教育的认识是二手信息，这次眼见为实。荷兰是一个吸大麻和卖淫都合法的发达国家，这里体现出一种法律特色。荷兰有 1600 多万人，可是，荷兰有 90 多所华德福学校，遍布全国各地，而且超过 1000 名学生的华德福学校有十多所。华德福学校跟其他公立和私立学校一样得到政府的平等资助，资助的方式都一样，任何人办学校必须至少要有一名合格教师，一名合格的校长，一名财务，并有一定数量的家长签名保证送他们的孩子到这所学校。办学的人如果符合条件，政府认为该学校的预算合理，办学人就可以租或建符合条件的场所来办学，但这只是建筑部分。

学校的教师和工作人员的薪酬全部由教育管理部门发放，教师是平均工资，同一名教师做相同的工作，无论在哪所学校都会得到相同的收入；不同的教师在同一所学校教学，由于资历和文凭关系也有一些差别。

另外，学校的运作经费是根据孩子的人头发放，比如平均每位学生每月 100 欧元，这些费用包括了书本、文具和日用品等。如果学校开设一些被政府认为不必要的课程，如华德福学校的韵律舞课和出国学习，那么学校和家长必须想办法自己解决费用。因此，荷兰的华德福学校的家长只交少量的学费。

在小学阶段，教师和学生的比例是 1∶25，我参观了阿姆斯特丹郊外一所比较小的华德福学校，一年级和二年级混龄班加起来有 23 名学生。之所以必须是混龄班，因为政府只发一名教师的工资。但是如果在英国或美国，可能就是两个班，每班十几名学生，非常合适华德福学校。不过，这名老师说很多家长喜欢混龄班，因为在他们的学校附近已经有一所比较大而且全面的华德福学校，两所学校各有所长，平等和谐，家长求其所好。这也体现出了社会的文明、和谐。

我的朋友婷娜带我去参观阿姆斯特丹最早、最大的华德福学校，该校有1100名学生。我到学校的时候学生也已经到学校了，很多孩子早就听说有华德福教师从中国来访，他们非常期待来自中国的客人。虽然，作为阿姆斯特丹最早、最大的华德福学校并不缺乏来访和参观者。但是，该学校的校长赫尔特还是安排了一个上午陪我，有意思的是这名校长和学校同名字。

赫尔特是名三十多岁的年轻人（在华德福学校里，这个年龄属于年轻的），他给我介绍他是校长的时候，我们马上找到了谈话的话题。因为华德福学校本来是没有校长的。赫尔特说："最近十年，华德福教育在荷兰的发展经历了一个调整期，原因有来自政府的压力，也有来自学校内部的问题和家长对华德福教育提出的问题等。作为阿姆斯特丹最早、最大的华德福学校应该带头发展。"几年前，他们的教师委员会决定设立一个校长和校长助理职务并公开招聘，该职务不让本校教师应聘。应聘条件是："应聘者必须了解华德福教育和擅长学校管理，并能给本校带来新的力量。"

赫尔特是华德福学校的毕业生，他的愿望是把华德福教育带进主流教育。所以他选择了从师范学院毕业之后到公立学校当文学老师，并从事学校管理工作。他说在他的影响下，他的学校已经和华德福学校相差不大了，只是他们不说自己是华德福学校而已。同时，他也看到了华德福学校的不足。因此，他乐意接受这个挑战，接下了华德福学校原来没有的职位。

我看到他们五年级、六年级的教室里已经有电脑的时候，他还没等我开口，已经知道我要提什么问题了。他解释道："**华德福教育是我们这个时代的教育，也是代表未来的教育，如果我们不能掌握所处的时代，也无法掌握未来。**"前段时间还有一些老师对电脑进入五年级教室提出质疑，现在看到孩子们用电脑写论文的时候，再也没有人提这个问题了。我问："难道孩子们不会用来玩游戏吗？"他说："*那是绝对不会的，因为，不玩游戏是孩子使用电脑的先决条件。*"

我在十年级看到孩子们用电脑谱写音乐，进行平面 CAD 设计，制作动画，以及编辑他们自己录制的小电影或话剧。当然，剧本也是他们自己编写，配乐也是自己作曲，自己演奏和自己录制。听说，他们将举行一个小电影展出和评选活动，模仿好莱坞搞个电影奖和颁奖仪式。听说这一整套系列的设备都具备专业水平，如此充足的教育经费，让我想都不敢想。在我感慨的时候，赫尔特顺水推舟地带我去看他们的库房，有些炫耀的感觉，那里整整齐齐地陈列着各种教学用品，有取之不尽、用之不竭的感觉。他说："如果老师为教学材料而发愁的话，是教不好学生的，因此，必须有充足的教学材料。"

接着，我被安排和高中的教师们交流，这些教师都像大学教授，每位教师都有自己明晰的教学目标和自己的理解，交流后我非常有收获。他们对中国也有这样的学校感到吃惊。由于他们对中国的了解较少，他们表示歉意，并希望我们有进一步的交流机会，其中有一位教文学的老师表示很快就组织学生去中国学习和交流。

4. 澳大利亚和新西兰

澳大利亚和新西兰的华德福教育者对亚洲地区的人智学和华德福教育运动的影响很大。

1957 年 2 月，在悉尼的郊区，澳大利亚第一所华德福学校建立。经过多年的发展，澳大利亚一共建立了 40 多所华德福学校，并且在悉尼和墨尔本各建立了一所华德福师资培训学院。目前，这两所学院不仅为澳大利亚，也开始为全世界培训华德福学校的教师。

澳大利亚的华德福教育一直以来得到来自英国的人智学学者和老师们的大力支持，英国爱默生学院的创始人法兰斯·爱德蒙就是其中一位很关键的人物。他在华德福学校任教多年，并在爱默生学院培训了许多华德福学校教师，他多次到澳大利亚演讲，并在那里帮助培训老师和建立新的华德福学校。

　　法兰斯·爱德蒙也多次在新西兰演讲，帮助建立华德福学校，同时也有很多德国和荷兰的新移民把他们的知识和经验从欧洲带到新西兰。所以华德福教育在新西兰发展得非常顺利。从 1950 年第一所华德福学校在新西兰建立至今，新西兰已经拥有十几所华德福学校和幼儿园，相对而言，这个数量是非常高的，而且新西兰也有两所华德福师资培训中心。顺便提醒一下，新西兰总人口只有 300 多万，人口总量还不及成都的一半。

　　新西兰和澳大利亚的华德福教育者对亚洲地区的人智学和华德福教育运动的影响很大，很多来自新加坡、日本、泰国、中国以及中国香港和中国台湾地区的学生都在新西兰和澳大利亚接受培训。同时，这两个国家的许多老师和学者也定期到印度、日本、泰国、越南和中国香港、中国台湾地区等地帮助促进人智学的传播和华德福教育的发展。

　　2007 年张俐老师和我第一次去澳大利亚，目标清晰地直奔介绍人智学和华德福教育给我们的本老师和唐老师的家，以及参观他们在悉尼附近小镇创办的学校。这是一个离悉尼 60 多公里，只有 8 万多人口的小镇。这所学校被澳大利亚常见的尤加利树包围着，孩子放学回家之后，又回学校荡秋千。从学校的建筑看来，可以看到学校的发展是一点一滴积累起来的。他们的教室是按照建完一间再建一间的方式来扩建的。在一个人口这么少的小镇，能有足够的华德福家长热爱和支持华德福教育实在不容易。

唐老师把我们带到她亲手创办的幼儿园，在她教学的教室参观。拿起她亲手给幼儿园孩子做的布娃娃，呼唤她取的名字，抱起来，拍一拍，亲一亲，唐老师马上就进入幼儿园的情景中去了。唐老师那种回家的感觉，很令人动容。那时，唐老师已经离开学校13年了，而且每年来成都两三次，为中国培养华德福幼儿园老师。

第二天，唐老师开车载我们去参加"面向健康的教育"大会，由德高望重的米凯拉博士主讲，有600多人参加。说实话，我只是路过这里，对参加这次大会并没有特别的期望，因此，主题演讲之后，选择工作坊时我选了"幽默"。这是我从没听说过的工作坊，所以非常好奇地参加了。带工作坊的老师是来自美国鲁道夫·斯坦纳学院的雷诺。雷诺老师的工作坊是我学习人智学十几年来，收获最丰富的一间工作坊。他为大家讲解为什么生活中要有幽默和幽默感，他把幽默感称为第十三感觉，而斯坦纳只是分析到十二感觉。当时，他提醒大家，如果去瑞士歌德馆，一般都人不会错过看一看斯坦纳亲手雕刻的代表"人性"的巨型木雕。但是，会忽略看一看这个木雕左上角那个小丑模样的小人物。雷诺说，这就是鲁道夫·斯坦纳的幽默感，那个小丑是在嘲笑人性。**斯坦纳说，如果人**

未能嘲笑和调侃自我，自我就不够成熟和自信，小丑就是调侃挺拔和自信地站在这里的那个自我。

选择这个工作坊的大约有 30 人，我们在工作坊的时候笑声不绝，甚至有人要笑到尿裤，可是，雷诺老师泰然自若，课程顺利地进行着。在大会结束的那个下午，每一个工作坊都展示或概括一下这几天工作坊里做了些什么。幽默工作坊大大地幽默了一番，演示了人智学和华德福教育中的种种现象。最出名的是雷诺老师，打扮成半男半女，手拿一把扫帚，跳他创造的韵律舞。另一个表演是小品，演的是澳大利亚华德福学校著名的地理老师彼得，他带着 11 年级的学生去野外学习地理测绘和绘制地图，回校的时候少了两位学生，老师派两位学生去找丢失的学生，很久之后，终于找到了那两位学生，结果发现是去年丢失的两名学生。

会议结束后，我和张俐老师、雷诺老师、一位印度的人智学医生还有彼得老师的太太马瑞亚，搭彼得老师的车从悉尼到南澳大利亚的阿德莱德。我们连续开夜车走过 1400 多公里，这是一个非常难忘的旅程。

他那辆 20 世纪 80 年代的丰田越野车，估计已经跑过 30 万公里，他把车后排座椅全部拆卸掉，只留副驾座。我们在后排没有座位，也没有安全带。在车厢里，有人睡着，有人坐着。这样运输人的方式，在发展中国家很常见，可是，在发达的澳大利亚，无论如何都是一种不合法的行为。对我们这些遵纪守法的华德福学校老师来说，只能说是一种幽默了。彼得老师是在印度出生、长大，直到大学才回英国的英国人。他的内在构成其实就是印度和英国，以相同比例混合而成，他是一位非常有趣、有智慧的老师。彼得当华德福老师之前，是英国一个著名的考古队里的考古专家。我们一路听他讲，他当老师之前在非洲考古的故事，可惜的是我在考古方面的英文词汇不够用。讲完这些故事后，他跟印度来的人智学医生，回忆在印度当学生时那些有趣的往事。时不时地，雷诺老师在他的故事里发挥想象，添油加醋，把我们笑得肚皮都痛。

直到凌晨四点，在郊外某地，在我们真正笑得起劲的时候，竟然被警察截停查车。我们后座的四个人躲在被子里，还在发出咯咯的余笑声，坐在前座的人接受警察盘问，他们非常紧张，回答问题语无伦次。我们听到彼得老师回答警察说：车的后厢里装了几袋马铃薯，警察离开后，我们真的都笑尿了，马上停车在路边方便一下。

南非华德福学校

第六章

非洲的华德福教育

南非华德福幼儿园

1. 南非，彩虹下的华德福教育

曼德拉认为华德福教育是治疗南非历史伤痕的最佳良药。

说到南非，不得不回顾南非的历史性变化。南非长期施行种族隔离政策，使得南非的白人政府名声臭到烂，联合国甚至把南非踢出去，并对其实行制裁。直到 1989 年，南非白人政府的总统和曼德拉见面，并达成一个和解协议，曼德拉领导的党派——非洲人国民大会（ANC，简称为非国大）放弃武力抵抗种族隔离政策，换取非国大为合法政党，并释放政治犯。经过多方努力之后，于 1990 年释放了被囚禁了 27 年的曼德拉。曼德拉在 1994 年的全民选举中获胜，成为南非历史上第一位黑人总统。曼德拉领导的执政党非国大采取了新宪法，放弃了追究白人政府在种族隔离政策时犯的罪行，并成立 "**人民和解和真相委员会**"，由 1984 年获得诺贝尔和平奖的大主教阿米里图斯·图图来主持。那些曾经在种族隔离期间侵犯过人权的人，无论用何种方式，只要说出真相，并有悔过之意，而且在自己力所能及范围内，为他所伤害的对象或公众做些事情，那么他们以前犯下的所有错误和罪行将被一笔勾销。

南非从此开启了发展历史中重要的一页，这种非暴力的政治发展模式赢得了全世界人民对南非白人政府的谅解，对南非未来的期待，以及对现在南非的尊重。无论是什么肤色的南非人，无论是穷人或富人，无论是践踏过人权或被践踏过的人，都有强烈的民族自豪感，并把南非称为彩虹之国。

在此之前，南非的华德福教育首先在白人居住区开始推行，并拥有世界上最豪华的人智学协会活动场所。后来，一些白人华德福老师不顾种族隔离政策，在黑人居住地办华德福学校。**曼德拉还参观过设立在贫民窟中的华德福学校，他认为华德福教育是治疗南非历史伤痕的最佳良药。南非的曼德拉政府对华德福教育非常支持，**普通大学对华德福教育也很热衷，南非因此成为人智学和华德福教育运动在非洲发展的中心。

南非开普敦的教师培训学院为非洲的华德福学校培训了很多老师，由于非洲地域大，交通费用高，以及南非和其他国家的生活水平差异太大，南非开普敦的教师在彼得带领下，把南非的老师带出南非，在肯尼亚的内罗毕开辟了一个校外培训中心。这个培训中心的学员主要来自肯尼亚、坦桑尼亚和乌干达等东非的几个国家。

2009 年初，我去开普敦的教师学院访问，住在开普敦康斯坦华德福学校四年级爱迪老师的家，她的先生还在内罗毕指导内罗毕华德福学校的老师。于是，爱迪老师让我使用她先生的车，一辆典型的华德福学校的车——用了 13 年的老丰田科罗拉。我想打开收音机，结果调谐器掉下来；空调只有热风，只好让窗户常开着。

爱迪老师很早就回学校去了，我这次没有做好准备工作。因此，我没有去访问当地的华德福学校，只是准备在校外转一圈。早上十点左右，我到了当地最早也是最大的华德福学校，康斯坦丁鲁道夫·斯坦纳学校。在非洲，受到德国影响的学校称华德福学校，受英国影响的学校成为鲁道夫·斯坦纳学校。

我在学校的外面就感受到了一种英国的气氛，厚重和阔气的大门，宽阔的运动场，参天大树，有一种深蕴的文化和历史感。我有种来到英国的感觉。由于事先没有安排，我只好在校园外走马观花地转一圈，对学校也没有深入地了解，只是感到这个曾经是由欧洲的非洲和非洲的非洲构成的国家，很难看到南非种族隔离政策留下的痕迹。但是在校园里我看到了不少的黑人老师和学生，也看到了在华德福学校里已经模糊的种族界限，难怪曼德拉认为华德福教育是治疗南非历史伤痕的最佳良药。

离开学校后，我开着车绕着开普敦的地标——桌山——转了一圈。对开普顿稍有个印象后，沿着海岸线直奔好望角，途中经过很多美轮美奂的殖民时代的小镇。好望角在开普敦半岛的最南端。整个南端保留了 500 年前的原生态，建成了自然保护区和国家公园，到处都有狒狒的居住社区，感觉南非的动物和非洲人一样跟地球相处得很和谐。

在人智学领域最让人称道的一个项目，就是由一名教授和社会学家，在埃及的沙漠里建立起第一个人智学社区，社区里有生物动力农场、华德福学校、治疗机构等，最近还建了一所大学，由此也证明了华德福教育在伊斯兰文化中也能顺利发展。

2. 人智学的不同形式

华德福的真正意义并不限于独特的教育理念、教育手段和教育方法。

任何事物的发展都要更新换代，我们都知道无线第三代称 3G，第四代称 4G。当然，经济、政治和文化发展也要更新换代，在经济领域，我们称其为经济活动 4.0 版。

我们很多人在忙于应付住房、汽车和手机的更新换代的时候，有一群商界精英、政治家和民间社会领导者在思考着一个共同的问题，如何在人类经济和文化发展领域进行更新换代，我们是否准备好了政治、文化和经济领域的 4.0 版。

早在 21 世纪初，在伦敦一群非常有影响力的社会精英，围绕着这个议题展开探讨，称为领导搜聚。后来，这群先知先觉的投资顾问和商界领导，创建了一个总部设在伦敦的非营利机构，称为聚贤社。

这个机构的宗旨是支持草根组织的领导们，帮助他们成为推动社会文明发展的真正领导者。他们通过一些项目来建立一个让经济文化和政治领域的领导们交流的平台，促进他们相互理解和了解，并能相互支持。目标是希望政府方面能保证经济活动中的基本权益、文化活动的独立和自由，而那些经济领域的领导们能给予文化教育资助，关心社会的文明发展，积极影响政府的政策，促进社会更加公平、正义和健康。让从事文化、教育和一切非营利机构的领导们能学习经济领域领导们的管理才能，能跟政府机构建立充分的交流和互相信任的关系，获取政府的协助，从而对社会发展产生深远的影响。

聚贤社的宗旨和华德福教育的理念基础——人智学——不谋而合。人智学中关于社会发展理念部分三元社会秩序的理念就是这样的。这个理念可以在任何机构组织中实践，我们知道最多的是在华德福学校、自然活力农场、治疗教育机构等。其实，欧洲和美国等发达国家已经在工商企业、银行和医院等机构实践。用现代主流的术语说叫作"道德经济学"。他们希望经济领域的领导们和文化、政治领域的领导们认识到自己的社会责任，并一起承担。他们的活动包括组织全球各地的商界精英、政治家和民间社会领导者到中国、印度、巴西、俄罗斯、非洲等发展中国家去领导搜聚。他们研究、考察和交流，试图积极影响经济和商业发展的方向。来自全球各地的商界精英、政治家和民间社会领导者跟当地的商界精英、政治家和民间社会领导者交流，寻求经济领域的 4.0 版的模式。

这群人在英国有良好的教育背景和富裕的生活环境，很多人在管理着家族生意，可以说是失去了贵族头衔的真正贵族。他们用自己的钱坐头等舱飞行，住五星级酒店，讨论一些在经济上可能损己利人的问题。传统英国是一个由皇家和贵族管理的国家，贵族们的价值观直接地影响到社会各个阶层。贵族文化会被其他富裕之后的底层的人效仿，可是，英国和欧洲贵族是世袭制，要成为贵族并非易事。失去贵族头衔的真正贵族，他们的价值观必然会影响到后来富裕起来的新贵族。

2004 年，我们在成都建立全国第一所华德福学校之后，引起了很多国内外朋友的兴趣。绝大部分朋友对成都华德福学校的关注，是出于认同华德福教育的独特教育理念和实践。但是，华德福教育的真正意义并不限于独特的教育理念、教育手段和教育方法。**全球各地的华德福教育创办者（包括第一所华德福学校）和以后的追随者，都希望通过华德福教育来帮助孩子、老师和家长，以及社区的成员都能健康成长、体验到心灵自由和生命的意义。这个教育**

过程其实就是人生的一段旅程，也能促进社会进步。

成都华德福学校也在实践这一使命，吸引了很多国内外慕名而来的朋友，其中就包括聚贤社。于是，2009 年那次非洲的领导搜聚活动中，他们邀请并资助了我。我充分地利用这个机会，提前到达，顺便访问了非洲的华德福教育，完成了一次收获颇丰的非洲之旅。

领导搜聚活动在南非约翰内斯堡举行，我见到的第一个领导人物是丹尼斯，丹尼斯是南非著名的政治领袖，担任过政府和非政府机构的很多职务，他曾担任联合国人权观察主席，运作过一个对抗贫困、艾滋病的非营利机构。他说："我非常有幸地成为南非文明发展史中的一分子，虽然，南非还有一大堆的问题要解决，离和谐文明的社会还很远，但我作为人类历史发展中的一分子，也尽了自己的力量。"

丹尼斯是同情黑人和对抗前南非白人政府的种族隔离政策的人权斗士和政治领袖，也是被前南非白人政府囚禁了 22 年的政治犯。他是被关押最久的、最重要的白种人。其实，身为白种人的丹尼斯，在前南非白人政府的种族隔离政策下，自然而然地享有作为白种人的特权。可是，在黑人的人权被践踏，黑人失去自由，黑人被贫困和疾病所包围的南非，丹尼斯选择了做"黑人"。他和曼德拉并肩斗争，直到前南非白人政府最后放弃了种族隔离政策，他因此也赢得了南非人民的尊重和爱戴，也赢得了全世界人民的尊重。他告诉我们，他入狱的时候，他八岁的女儿曾问他，为什么白种人也要坐牢，他回答他的女儿说："因为黑人孩子不能像你那样生活。"说到这里，他流下了铁汉子的泪。

这时，我们都沉默了一会儿，南非最大的电力公司的一位老总，黑人班尼站起来说：丹尼斯叔叔是南非历史的巨人，我们现在站在包括了曼德拉、图图大主教等巨人的肩膀上，我们自己很渺小，他们让我们清晰地看到政治和经济的发展方向。这位仁兄是南非商界举足轻重的人物，他曾被邀请去清华大学 EMBA 讲课，这位世界级的商界领袖对丹尼斯表达了感激和尊重。丹尼斯不失时机地提出一个对商人来说非常敏感的问题："我想知道，你要怎么做才能让南非的电价降下来，你能否让所有的穷人可以用上电？你是否有这个计划？"这时打开了领导搜聚活动的真正话题。

这个问题的核心就是：**政治能否为经济发展服务，商业活动是否能担负起社会责任**。在座的商界人士都被拷问，他们的商业活动在人类社会的文明发展过程中，起到了哪些积极的作用，如何运作他们的公司，他的公司是否能应对社会问题，包括环境问题、贫困问题、建康和卫生问题、犯罪问题、失业问题，等等。根据讨论，我作了如下总结：

人类在丛林里茹毛饮血的动物般生活，到走出丛林开始人的生活之前，是人类的出生阶段。人类为了生活空间和资源而进行了几千年的阶级斗争，是成长阶段。虽然，目前还有很多人为了生活空间和资源而斗争着，重演着人类的悲剧，但大部分人都愿意承认人类社会是一个整体，开始迈进成熟阶段。因此，那些在酿造着阶级斗争，而重演人类的悲剧的人被现代的文明社会鄙视。许多美国牛仔、亚洲独裁者、中东野心家、非洲的流氓将军，都成了全球的文明人声讨的对象。

后来，我就有点走神了，有种穿越时空的感觉，好像回到鲁道夫·斯坦纳时代，听着当时欧洲的精神贵族探讨政治、经济和文化的发展方向，以及探讨大家能在这个历史进程中扮演着什么样的角色。斯坦纳提出的社会发展三元秩序观点，被这群没有学过人智学，不知道斯坦纳为何方人士的新富们实践着。作为不起眼的小人物，夹杂在他们中间，突然感觉到**倡导华德福教育其实就是我的使命。**

3. 肯尼亚，非洲的希望

他们用东非通用的本土语言唱歌，加上非洲人特有的节奏，肯定能迷倒你。

"这所学校是由一群从欧洲留学回国的肯尼亚人，以及在内罗毕生活的外国家长一起创办的。内罗毕华德福学校在国家公园的隔壁，在教室里可以看到长颈鹿和犀牛在散步，有时候长颈鹿也会把头伸进教室来接受华德福教育。"多年前我在英国接受华德福教育师资培训的时候，一位去了肯尼亚内罗毕华德福学校实习，回到英国做实习报告的老师的描述。这幅画面一直都停留在我的脑海中。不知道是因为她接受了华德福教育培训，善于用图像语言来描述，还是因为我接受了华德福教育培训，赋予其太多的想象，总之，这幅画面是打开我对非洲的好奇心的关键。

以前，一听说某某想出国或出国了，很自然会以为他们去了欧美或日本等发达国家。从书中或电影中看到的非洲，像火星那么遥远，包括现在，很多人对非洲的印象，仅限于《动物世界》《自然世界》《探索频道》之类节目中的动物，或电视上看到的战乱、贫困、艾滋病、霍乱、黄热病等，还有索马里的海盗等。

现在中国人的足迹遍布全世界，而且出国的目的也多样化了。不过，从那些去过非洲的人的游记上看，他们对非洲的了解还是浮于表面。虽然我这几个星期也未能充分了解到真实的非洲，但希望我独特的体验至少能引起你的好奇心，最好某一天你也来体验一下真实的非洲，丰富的非洲。

来之前我联系了内罗毕华德福学校，这所学校曾经于 1998 年派过一名老师去美国学习，他是我在美国春之谷的同学，跟我的关系还不错，暑假期间我们还在一起打工，毕业后就失联了。学校听说我有意来访之后，邀请我参加他们一年一度的东非华德福教师研讨会。东非华德福教师教育联盟的成员目前只有肯尼亚、坦桑尼亚和乌干达三个国家的六所学校和几所幼儿园。

内罗毕华德福学校是肯尼亚第二所华德福学校，也是这次会议的东道主，可是这所学校位于凯兰富人居住社区，学校也没有住宿场所，周围的宾馆都很贵，老师们都住在几十公里外的内罗毕鲁道夫·斯坦纳学校（肯尼亚第一所华德福学校）的宿舍里，每天通过校车接送，不堵车的话至少也要花 45 分钟。这里的住宿条件，除新鲜的空气和明亮的夜空以外，和成都华德福学校相差不大。我有幸成为他们的贵宾，被安排在供外国老师住的"非洲别墅"里，除厕所在外面和需打水洗澡外，这里可以用"安逸"来形容。

当初，我到达内罗毕国际机场，办理落地签，仅花了几分钟就办好了。我感叹说："哇！十天的签证居然要 50 美元！"移民官说："仅仅是 50 美元。"第一印象，肯尼亚人不错。接我的司机非常有礼貌，我们去学校的路上聊了起来，他说，很多肯尼亚人对中国的认识是*每一个中国人都像李小龙或成龙那样身怀绝技*。小孩子，包括他小时候，都对中国功夫着迷。当我告诉他我没学过功夫时，他有些失望。

到达内罗毕华德福学校的时候，会议刚好开始，也顾不上坐了十几个小时飞机后的疲劳，把行李一放，我就加入了会议。华德福的会议通常都是由唱歌开始，音乐老师在台上指挥，穿插着他幽默的语言和动作，笑声和歌声汇集在一起，十足的华德福气氛。虽然我周围都是与我肤色完全不同的人，但也有回到华德福家庭的感觉。**他们用东非通用的本土语言唱歌，加上非洲人特有的节奏，肯定可以迷倒你。**接下来的课程安排和艺术工作坊与成都的华德福教育培训相差不大，去过华德福的人自然会知道我的意思，没有体验过华德福培训的人，要到成都去体验才能理解。

在茶歇时间，有一位黑人老师热情而急切地向我奔过来，听了他的名字和来历之后，我大吃一惊。原来他是我在美国纽约春之谷工作时候的同事，他去不久我就回国了，所以我对他的印象不太深刻，只是在跟他短暂的接触中，知道他是美国出生的非裔人。我也记得他在德国培训并在德国教英文，后来回到美国教德文，他对人智学的研究比较深刻，从他标准的德文和英文可以看出，他有优良的教育和生活背景。

进入内罗毕华德福学校时遇到的第一个人是一位幼儿园老师，她也来得比较迟。后来，才知道她每天从家出发要走半个小时的路，换两趟公交车，再走五分钟路才到学校，这样折腾过来一趟要将近两个小时。我问她是否有别的办法，答案是没有，因为租房太贵，只好住在她的父母家里。在内罗毕这样上班很普遍。早上，从机场到学校的路上，我看到了内罗毕人在公路两边飞快地走路，他们都是走路去他们要去的地方，这可是肯尼亚的一大特色。大概有以下几个原因：

（一）去哪里都是靠走路，这是人类历史的传统。

（二）肯尼亚的公共交通并不发达，主要是路太少或太窄，狭窄到两辆大巴士会车时，可能就会导致交通瘫痪。因此，他们用小面包车来做公交车。

（三）对一般的人来说，公共交通费是一笔不小的开支。因此，很多人通过走路省出这笔钱。

现在该明白了，为什么肯尼亚出现了那么多马拉松、长跑、短跑冠军，在这个国家走路真的可以当饭吃。

我问为什么没有人选择买自行车或摩托车等便宜的个人交通工具，答案是这是工业不发达的国家，自行车或摩托车并不便宜。而且，没有自行车或摩托车专用车道，加上粗鲁的汽车驾驶习惯，自行车或摩托车在狭窄的道路上行走是非常危险的。

自助旅行书中提醒游客不要考虑乘坐肯尼亚的公交车，我以体验当地人的生活为目的从市区坐了一个小时的被称为"马塔图"的公交车中巴去学校。在中国挤公交车主要是体现在一个"挤"字，但是却很难理解肯尼亚的"挤"。在我座位旁边的加位之间有个空隙，就这样没有商量地"挤"了一位"重量级"的乘客，有人弯着腰站着，把头伸出窗外。车子有时跑到了人行道上超车，而人行道其实是人走出来的小径。幸亏我的肚子是空的，否则里面有什么东西都会被颠簸的车给抖出来。有的乘客跟着震耳欲聋的声响扭动身体。其实，他们习惯了这种乘车方式之后，乘车就变成了享受。

自助旅游书中反复提醒，不要晚上出门，更不能露财，内罗毕是非洲犯罪率比较高的城市。我遇到的那位幼儿园老师，从好几个月的工资中好不容易省出钱，买到一部可以照相的手机，但不久前，她在车上打电话的时候，她的手机被人从车外抢跑。如果我们被抢了，只好看着他们跑，休想追得上他们，他们把走路的本领用到极致，有可能就是比长跑或短跑冠军差一点点而已。

4. 坦桑尼亚，最本土化的华德福学校

不仅把当地的文化融入教学中，而且用当地的语言进行教学，实践华德福教育的本土化工作。

在肯尼亚内罗毕参加东非华德福教师会时，和一群来自坦桑尼亚的华德福学校的老师同住。他们是天生的舞蹈家和音乐家。有一个晚上，老师们去乡村酒吧里放松，有些人可以跳舞和唱歌一直到结束。他（她）们热情奔放的样子，可以说震撼了我。因此，我改变了计划，开完会之后跟着他们的校车去坦桑尼亚。有位非常有影响力的家长也参加了教师会，并邀请我到坦桑尼亚后住在他家。

开会完之后的第二天早上，我坐上了坦桑尼亚达累斯萨拉姆华德福学校的校车去了坦桑尼亚。我在边境办了一个落地签证。

校车颠簸了 24 个小时有余，才到达坦桑尼亚的首都——达累斯萨拉姆。

达累斯萨拉姆是非洲班图语与阿拉伯语的混合语词汇，意思是"和平之地"。1887 年，德国的东非公司在此建立；1916 年，它成为德属东非的首都；1974 年，坦桑尼亚议会决定把首都迁往内地城镇多多马。达累斯萨拉姆目前仍是坦桑尼亚最大的城市，人口 400 万左右，堪称是坦桑尼亚的经济首都。位于非洲印度洋岸中段滨海平原之上，是国际贸易的重镇，郑和下西洋的时候来过这里。达累斯萨拉姆这个渔村从 1862 年开始建，到目前为止还赶不上深圳那个渔村。虽然深圳生产了很多钟表，可是深圳人没有时间；而坦桑尼亚人没有生产钟表，却有的是时间。用他们东非通用的斯瓦希里语口头禅说："**慢慢来，没问题**"，所以他们的工作效率不敢恭维。

达累斯萨拉姆在建筑风格上具有非洲本土班图风情、德国殖民影响、英国殖民影响、民族独立精神和斯瓦希里文化特色，也有这些文化和本土风情的混合，如欧陆的高大敞亮、中东的天井回廊、印巴的雕画门窗、混成的玻璃百叶窗。这里最大限度地体现着多样、交融、碰撞，甚至有美不胜收的混乱。

传统上，达累斯萨拉姆市及附近居民有着"**穿衣三块布，吃饭一棵树，煮饭三块石**"的说法。穿衣三块布是指女装：一块缠头，一块束胸，一块围腰裹臀；吃饭一棵树是指食物以芒果、菠萝蜜等热带水果为主，获取糖分和维生素；而煮饭三块石是支撑在陶罐下炭火旁的底座石头。但是，在经济发展上，这个城市也有深圳 20世纪 80 年代的影子，至少贫富差距上可以跟深圳较量。

坦桑尼亚的朋友们不断地重复了很多次，中坦两国的友谊地久天长，他们小时候也接受到很多关于中国的官方教育，他们也在实践着社会主义。中国在 20 世纪六七十年代，在非洲援助了很多穷兄弟国家，支持当地的社会主义运动。坦桑尼亚是中国在非洲最铁的一个朋友，中国援建的那条连接坦桑尼亚和赞比亚的铁路，目前还需要派工程师来维护，中国建的医院里还有中国医生在工作。我记得小时候看过中国医疗队在坦桑尼亚的电影，除了吃惊地发现黑人的牙齿是白的以外，没有任何印象了。

很多人对坦桑尼亚人的印象是温和、温顺，要激怒坦桑尼亚人，还需要费点劲。凭这一点，我就能很放松地独自在街道上溜达，后来听说，最好还是不要在街头上照相，否则相机可能会飞走。我在内罗毕乘坐马塔图，上车之后坐在门口的位置，后来我觉得不安全，说不准会被车甩出去，于是就把自己塞进人堆里。

在闷热的达累斯萨拉姆，车里没有空调，我只好屏着呼吸，不敢去辨认旁边的异味是狐臭、汗臭或是鱼的腥臭。从城里回来的时候，在大太阳下等了半个小时没见到车来，想打车回去，可是这里的出租车没有计程表。因为这里堵车是任何人都不能预计的，只好跟司机讲好价再走。我拿出了在中国练出来的杀价本领，让这位的哥非常勉强地接我的生意。后来面对着那么和蔼、友好的司机感到有点不好意思。回到住处后，我还是给了他可观的小费来拯救自己的内疚感。即使不包括小费，打车和乘坐公交车的差价也有20倍，可想而知，一般人还是坐公交车。

坦桑尼亚华德福学校的一位家长埃马的家是一栋简单的别墅，别墅后院连接着海边沙滩，他的父亲住隔壁的另外一栋别墅里，两栋别墅连在一起，房屋外面的面积应该有十几亩。可是，别墅从1933年以来都没有装修过，看起来就像中国20世纪70年代的干部住房。这里的夏天非常热，房子没有电风扇和空调。我用中国人的逻辑思维，很难理解他们的生活标准。我把坐公交车的经历和埃马分享，他并不觉得很特别。他家有两辆汽车，他对我的冒险感到吃惊。他说，早上他把车停在某个地方，然后坐公交车进城。从这里可以看出，他不是故意跟穷人保持距离的人，我们谈话的话题也从这里开始了。

埃马是一位商人，他的太太是大学里的舞蹈老师和在职研究生。他们有一个7岁孩子和一个3岁的小宝宝。他们也不雇保姆。他们的生活简朴，追求生活质量的方式有别于大部分白领。他们和别人合拍了一部关于坦桑尼亚白血病的纪录片。因为，这里有个迷信，如果他们吃到白血病人的肉就会长生不老，所以白血病人往往会被偷掉。他们投资拍这部纪录片得到了总统的支持，并推荐给大家，目的是教育人们认识白血病，而不要相信迷信。

他们联合一些企业家，建立了一个对社会负责任的企业联盟，让企业家来帮助穷人脱贫，教导当地人如何致富，如何负起社会责任。他和他太太召集很多穷人在一起学习文化知识，教他们手工艺。这个非营利机构已经运作了三年，他们的机构运用了鲁道夫·斯坦纳的三元秩序理念，也就是华德福教育的理念基础。他们称华德福教育给他们的生活带来非常大的变化，他说之前并没有受到他父亲的影响，是了解华德福教育之后才有了这种变化。

埃马的父亲曾经是坦桑尼亚有名的商人，他们的生意涉及影像、出版、印刷和传媒等。埃马的爸爸邀请欧洲的朋友来坦桑尼亚，并出钱在坦桑尼亚办了全国第一所华德福学校。但是那时的埃马已经过了上学的年龄，埃马的弟弟上了几年华德福学校，并在德国完成了高中。埃马的爸爸自己也当过一段时间的华德福学校老师，并参与学校的管理。而埃马父亲的生意伙伴们大多在政界发展，很多官至部长级别。

坦桑尼亚华德福学校一到七年级共有 120 多名学生。虽然这所学校开始时经济比较宽裕，可是有三分之一的孩子是孤儿，而学费都是来自欧洲的捐助。老师的学历实在太低，很多老师只有高中学历，几乎没有人在西方国家接受过华德福教师培训，大部分老师都是在内罗毕接受短期培训。幸运的是他们有位可以讲本地话的荷兰老师长驻学校指导他们，她已经在这里住了七年。她下个星期准备回国，她将把这所学校交给现在的老师管理。

很多老师也完成了或将要完成在肯尼亚三年的教师培训，看来他们很有信心把学校管理好。他们已经买到 60 亩地，并开始筹建自己的教室，也准备修建宿舍给需要寄宿的学生。现在的学校是租厂房改建的。这个学校的发展既有欧洲的特点，也有非洲的特点，很多地方都值得我们学习。值得一提的是**他们不像南美的新移民那样移植欧洲文化到南美，来自欧洲的华德福老师会主动学习非洲当地的语言和文化，不仅把当地的文化融入教学中，而且用当地的语言进行教学，实践华德福教育的本土化工作。**

目前在学校里，有一位起到主导作用的老师叫史蒂芬，他将被派到英国学习华德福教育和攻读硕士学位。他有可能要放弃，因为学校的发展对他压力很大。他提到一个压力是，有位老师在她的家乡办了一所幼儿园，并到处煽情，让外国老师到她家乡的幼儿园去工作，为了达到"强拉"老师的目的，散布了许多负面的消息。史蒂芬认为她在传播不好的精神，破坏教师的团队，他说："**我们通**

过服务华德福教育而得到我们应该得到的东西，包括钱和发展机会。可是，如果我们为了得到想得到的东西而服务华德福，那就失去了华德福教育的精神。"

菲律宾华德福幼儿园

第七章

蓬勃发展的亚洲华德福教育

韩国华德福社区

1. 日本，亚洲华德福教育的先锋

教育可以起到愈合童年创伤的重要作用。

日本是亚洲地区最早发展人智学和华德福教育运动的国家之一。高桥岩在德国留学时是日本第一位学习和研究人智学的学者。1970 年，高桥岩从研究苏菲开始研究人智学，并在 1971 年设立人智学研究所。日本最早关于人智学的书籍就是高桥岩翻译的。他回到日本的大学当教授，继续研究人智学，还做了大量关于人智学的翻译、出版和讲座。

1985 年，高桥岩在东京成立日本人智学协会。同时，早稻田大学教授子安美智子在德国慕尼黑期间，她的两个女儿在慕尼黑的华德福学校上学。子安美智子回到日本后，于 1975 年出版了《慕尼黑的小学生》《慕尼黑的中学生》这两本书，描写了她的女儿在德国上华德福学校的情况，引起了日本人对华德福教育的广泛兴趣。

高桥岩的夫人高桥弘子也是德国慕尼黑大学留学归来的学者，她后来去了斯图加特学习华德福幼儿教育，回到日本创办了第一所华德福幼儿园。高桥弘子写的书《日本华德福幼儿园》，由台湾光佑出版社翻译出版，在中国也被广泛阅读。当日本第一所华德福幼儿园建立了后，很多家长准备创办一所华德福学校。

但是，日本的教育仍处于政府严格的控制之下。当时，虽然日本已经有很多从西方接受了华德福教师培训的老师，还是未能成功地办起一所华德福学校。直到1987年，第一所华德福学校才在东京建立，而且这所学校以非法办学的形式，一直存在了19年之后，才拿到合法的办学执照。这所学校可以说是日本历史最长的非法学校。

20世纪80年代是日本经济最辉煌的时代，西方任何一个国家的华德福教师培训中心或人智学教育机构几乎都有日本人的身影。从人智学和华德福教育被介绍到日本至今，有上千人在国外接受过华德福学校教师培训，还有几百人学习人智学、特殊教育、艺术、韵律舞和生物动力农业等。很多日本人学习毕业后都留在国外工作。尽管如此，日本在人智学各个领域的发展还是走在亚洲国家的前头。目前，日本有五所华德福学校和几十所华德福幼儿园，另外还有几个根据人智学理念建立起来的三元社会秩序的文化社区。

1999 年，日本在富士山脚下举办了一次亚太地区人智学和华德福教育大会。这是日本第一次举办世界性的人智学和华德福教育大会，由日本的几个华德福教育机构联合举办，有 350 多人参加了这次会议，大约三分之一的老师来自国外。由于日本费用高，同时希望亚洲经济状况不好的老师们也都能来参加，日本老师支付了比外国老师更高的会费。日本的华德福老师们全部在会务里做志愿者，最让我肃然起敬的是老师们五点起床，给全体参会老师做饭，包括早餐和午餐，整个会务没有雇用任何工人。

我和吴蓓老师获得了会务组提供的机票补贴才有机会去参加会务。吴蓓老师写了一篇关于日本之行的游记放在网上。这次会议推动了日本人智学和华德福的发展，整合了很多散落在日本全国各地的人员和资源。不久，京都开办了日本第三所华德福学校，而且，选中文为外语。

会务结束之后，我去北海道拜访了新成立的人智学社区，那里还有日本第二所新建的华德福学校称为声音村，坐落在北海道伊达市附近的一个农庄里。目前成人和教师培训中心叫迈克尔学院，生物动力农场被称为风山农场，还有特色教育学校和一所包括从幼儿园到高中的华德福学校，另外还有开始发展的退休社区和养老院。

　　社区最早是美国鲁道夫·斯坦纳学院日本班毕业的三位学生发起，1996 年，他们邀请她们的日本籍老师大村裕子去北海道讲课，大村裕子老师认为日本学院需要一所教师培训学院。刚好伊达市有一位老太太有个农庄需要人经营和打理，于是，大村裕子决定搬回日本，带领她的三名学生开创一个人智学社区。我在美国的春之谷鲁道夫·斯坦纳人智学社区时就听说了这件事，而且，我们同屋的一对美国朋友夫妇，山姆和南希也被邀请去北海道帮助她们建设社区。我到了声音村之后，自然被分配住在山姆的家，因为我是从美国去日本的，因此，和山姆有些老乡见老乡的感觉。

　　这位美国仁兄山姆有点像中国当时热血青年支援祖国边疆建设，他在美国已经做好不怕苦、不怕累，随时为社区献身的准备。我记得他在美国的时候常常抱着吉他，边弹边唱美国乡村音乐。他的目的是到日本后，要为自己赚些零用钱和路费，所以周末到伊达市的酒吧去卖唱。因为社区在建设阶段，每个人都要自谋活路。

　　我问他情况如何，他非常高兴地告诉我比他想象的好。如果不是为了建设社区，在日本赚钱回美国用也是一个不错的想法。接着向我抱怨日本人为了节约能源，房子的取暖设备实在太简陋了。11月份的北海道已经寒风彻骨，房子里只有一个小小的炭炉，对于在美国习惯了无论户外有多冷，在室内都穿短袖的山姆来说实在难受。山姆在室内穿着户外衣服，嘲笑自己在酒吧里卖唱的样子。

大村裕子对山姆的帮助非常感激，这算是美国鲁道夫·斯坦纳人智学社区的经验输出，山姆给这个社区建立基本的日常工作和作息规律。最重要的是把鲁道夫·斯坦纳人智学社区一些理想的目标通过日常生活展现出来，不再是一个遥远的乌托邦。当然，理想遇到了现实问题在任何领域都一样，我们是直接面对挑战？绕着路走？还是掉头走呢？

大村裕子毕竟是一名人智学老师，而且她在日本是一名非常受尊重的老师。因为她的坚持不懈，有力地调动了各方资源，使得社区发展吸引了很多海归加入，从而也壮大了社区的力量。我来北海道的另一个想法是希望待到我的签证到期，然后再回美国。我也希望在这里把丢下了十几年的日语重新捡起来。可是这里的日本人大部分都是海归，我试图用生锈的日语跟他们交流时，都会用英语来结束谈话，所以我也只好放弃了。

大村裕子告诉我，她是二战结束前在北京的协和医院出生，她的父亲是日本铁路公司的一名工程师，她一出生后，她和她的妈妈就被送回日本。她对中国没有任何的印象，只是非常好奇。她说非常希望能有机会回北京去看一看她出生的医院。我真希望她有一天能来北京看看。接着，我们的话题就跑到了日本侵略中国的事情。大村裕子老师先是表示歉意，她还说我们不能让过去的历史给现在和未来造成交流的障碍，我们有必要让下一代去了解历史的真相。因此，她给我介绍东京附近新潟县一名退休的中学历史老师，希望我回东京时再去看她。

　　我在日本同学的带领下，很轻松地在新潟县小绳的一个山庄上找到了那位老师博美老师。博美老师上学的时候，被一个韩国妈妈照顾，而且跟这位韩国妈妈的女儿同龄，并一起上学，可是当时日本的学校把韩国孩子和日本孩子在教室里隔开，并不允许她们一起玩。这件事情给博美的童年造成了创伤，博美老师一直想知道个究竟，于是长大之后学习历史，当了历史老师。可是，日本对这段历史已经有了官方的定论。因此，博美老师把她多年收集的历史书籍和照片集以及日本老兵写的日记和文章等放到图书馆，免费提供给需要研究的人使用。

2. 菲律宾，一个和平的动荡世界

因此，我们则希望通过教育和交流，推动和平相处。

菲律宾著名的社会活动家尼卡诺尔·佩拉斯是菲律宾人智学的播种人。尼卡诺尔曾因反对菲律宾的独裁者马科斯而被流放到美国去。他在美国研究公民社会运动，接触到鲁道夫·斯坦纳的三元社会秩序。因此，他进一步研究人智学，成为鲁道夫·斯坦纳的三元社会秩序理论的著名学者，写了一本《全球化》的书，讲的是用人智学的观点看公民社会。马科斯倒台后，尼卡诺尔回到了菲律宾，继续他的公民社会运动，并把人智学和华德福教育带给菲律宾的朋友。

1987 年开始，他跟杰克·谭和贝拉·谭夫妇，玛丽·琼谈论如何创办一所华德福学校并为此而准备。于是，贝拉·谭去了澳大利亚墨尔本华德福教育培训中心接受华德福幼儿教师培训，同时，玛丽·琼去了美国春之谷的日桥学院接受华德福中小学教师培训。他们回国后，于 1992 年在马尼拉开始创办了第一所华德福学校。目前，在马尼拉附近就有四所华德福学校，其他岛屿分别还有几所。

自从 1996 年开始，他们就举办了各种工作坊和讲座，人智学各个领域的学习也同时展开。尼卡诺尔对三元社会秩序理论有非常深入的研究，并到全世界各地去办讲座，他在世界各地都有众多的粉丝。他在菲律宾国内的影响力非常大，甚至影响到了政府议员和高层，一度成为总统顾问团的成员。他自己也在经营生物动力农场，同时推动菲律宾的民间团体和民间社会建设，并向菲律宾政府介绍三元社会秩序的理念，一度被菲律宾政府采用，做了一个称为"21世纪议程"的施政计划，并把三元社会秩序考虑了进去。由于菲律宾政府的腐败和利益集团的影响，这些很好的理想未能实现，于是尼卡诺尔考虑 2010 年竞选总统。

我听到尼卡诺尔要竞选总统的消息后很高兴，同时，也觉得尼卡诺尔很有意思。我多次跟尼卡诺尔交流，他总是问我，他如果在中国做在菲律宾所做的事情是否有问题，什么时候有机会让他到中国去讲公民运动和公民社会的课。我开玩笑说当他当选为菲律宾的总统之后，也许有机会。2009 年，我去菲律宾参加亚太地区人智学和华德福教育大会的时候，希望跟尼卡诺尔见面。一见面，我就要求跟他合影，希望在我还有机会和他见面的时候照一张相，否则，他当选为总统之后就没机会了。

新西兰的华德福老师彼得，觉得尼卡诺尔决定竞选总统是一个不可思议的事情。之前，彼得老先生每次来菲律宾讲课几乎都是住尼卡诺尔的家，这次来尼卡诺尔家时，不但他家门口有了武装门卫站岗，还注意到楼房顶上多了一个塔楼，塔楼上有两个带有冲锋枪的人放哨。这回把老彼得给吓了回去。尼卡诺尔告诉彼得，自从他开始考虑竞选总统后，就收到了不少死亡的威胁，这是迫不得已。最后尼卡诺尔放弃了竞选总统的念头，现在搬到了菲律宾南部岛屿，靠近宿务的农村，重新经营自己的农场。

杰克·谭和贝拉·谭夫妇，在菲律宾的人智学和华德福教育运动中是重要的先驱者。杰克成了人智学医生，并在菲律宾生产人智学医药。这两位老师常常来中国讲课，成为中国人熟悉的朋友。我是 1998 年开始认识这对夫妇，并受到他们的鼓舞。2009 年，我借去菲律宾参加亚太地区人智学和华德福教育大会的机会，提前去拜访了这对让我尊敬的夫妇。

从杰克的名字来看，他有一个中国姓，可是，他并不确定自己是不是有中国血统。他的父亲绝对是一个有产阶级，父亲把地分成几块，兄弟姐妹每人都有一块。因此，他的几个兄弟姐妹，每人都有自己的房子，也是他的邻居。杰克和贝拉夫妇有一个女儿是艺术家，他在家里挂满了女儿的画，从房子建设、家具和装饰来判断，他们应该生活富足。我们在吃饭的时候，愉快地聊起了自己是如何走上人智学和华德福教育之路的。

我没想到的是，杰克·谭和贝拉·谭都曾经是菲律宾共产国际的成员。他们和尼卡诺尔、玛丽·琼曾经是热血青年，都是反对马科斯独裁政府和为民请命的革命者。杰克·谭和贝拉·谭当时坚持走社会主义道路，尼卡诺尔坚持走公民运动，而玛丽·琼却是一位文艺青年。这些心怀理想主义的年轻人最终由于人智学和华德福教育而走到一起，他们希望通过教育来推动社会的进步。

3. 泰国，一个动荡的和平世界

泰国的人智学和华德福教育发展，有点像泰国的政治：看起来动荡，实际和平。

泰国学习英国，采用君主立宪的方式管理国家。泰国国王是名誉上的国家首脑，但是要比英国国王更有政治影响力，很多事情都是泰国国王最终说了算。泰国的政治结构为三权分立，不过不是美国那种三权，而是指国王、政府、军队的三权。泰国的党、政、军是分离的，执政党只有执政权，没有军权，而军权掌握在国王手里。每当局势动荡的时候，军方总是在泰王的授意下发动军事政变，维持局势稳定。

泰国的执政党实际上是大财团的利益代理人，因此，大财团通过操纵民意而选能代理他们利益的人执政，或干脆自己干。泰国的动荡来源于这种不健康的三权分立的政治怪圈，通过民主选举出来的政府似乎只是一部分人的政府，失落的另一部分人就会在体制外抗争，直到政府倒台。街头政治曾经拉倒四届政府，且不会受到惩罚，也就屡试不爽。一次以中产阶级为主的泰国黄衫军走上街头，发誓要把执政党拉下马，政府说：**"既然你认为我们这些人不行，那就再选举一次吧。""那可不行，再选举八次也是你们在台上，你就直接下台吧！"**黄衫军闹完之后，红衫军出来闹，警察形同虚设，一切要看军方的脸色。而军方在迫不得已的情况下，该出手就出手。有时候，军方通过使眼色就可以达到自己的目的。如配合国王的意思，说政变就政变，而且随时都可以把政权交出来。这种看来动荡、实际和平的泰国，让人看不懂。

从 1998 年开始，我就跟泰国有关系了。泰国的人智学和华德福教育发展，其中的错综复杂关系有点像泰国的政治，只是，我希望看到正面，传递些正能量而已。泰国医生蓬·盘农索，经常给一个专门收留孤儿和被虐待儿童的组织做义务工作，在泰国已有一定的知名度。当他希望给他的孩子找一个合适的学校时，发现泰国几乎没有什么可供选择的学校。他看到了太多那些靠死记硬背，以走向竞争为最终目标的公立教育。最后，他接触到了华德福教育，于是，结束了他的医生职业，去美国春之谷接受华德福教师培训。

1996 年回国之后，蓬·盘农索和他的太太在曼谷郊区租了一栋别墅，建立了第一所华德福学校——彭若泰华德福学校。由于这位医生未出国前在泰国已经有广泛的社会关系，他同时也是泰国**"独立教育运动"**的领导人。他的学校引起泰国各种媒体的广泛关注，同时也得到了社会的支持。经过了九年的非法办学之后，2004年，这所学校终于拿到了合法的办学执照，现在已经发展成为一所包括从幼儿园到高中的学校，在校学生超过了300人。

第一次访问泰国是在1998年5月，在曼谷郊区举行的第三届太平洋亚太地区人智学会议，大约有180人来自亚太16个国家和地区，当然，也有很多来自美国、加拿大、新西兰、澳大利亚和欧洲各国的老师和领导们。这是我第一次参加这样的国际会议，当时我是在美国上学的穷学生，几乎一切的费用都是德国华德福教育友好学会资助。我当时被任命亚太地区的中国代表，在1998年的中国还没有人知道人智学和华德福教育是什么，我也不知道代表谁，也不知道要做什么，就稀里糊涂被动地做了代表。后来，每次会议就写一份华德福教育在中国的发展状况报告，这就是我唯一负责的事情。

这次会议的主题是**"自由的奥秘"**，会议的目的是为促进人智学和华德福教育在本地的发展。为了更好达到这个目的，有人提出建立一所亚洲版的爱默生学院，大家都认为是个好提议，关键选择在哪里实现。有人建议在泰国，有人建议在印度，有人建议在中国香港，后来有人建议在亚洲不同的国家流动。大家就建一所亚洲版的爱默生学院一事展开了讨论。从讨论的问题中，我归纳了以下几点：

第一，语言，这样的学院无论在哪里一定会使用英语，亚洲很多学生的英语水平使他们未必能马上学习人智学。

第二，经济，要运转一所这样的学院，不能靠学费，资金从哪来，谁提供场地，自己租或买都不现实。

第三，签证，亚洲国家之间不像欧洲国家之间那么自由往来。

这个讨论没有结论时会议就结束了，后来，好像也没有人再提这个议题了。不过，这个问题却给我后来在成都举办华德福教师培训提供了一个借鉴，即无论如何教师培训要在本土进行。关于如何培训本地的华德福教师，推动华德福教育的发展，泰国也是坚持这个态度。

于是，泰国第二所华德福学校揣达莎华德福学校不久就成立了，而且，一群荷兰的老师每年的夏天都来泰国领导培训工作。成都华德福学校成立之初，还没建立起教师培训课程，全体的老师都在泰国接受培训。大家熟悉的荷兰的本诺老师，就是当时在泰国培训老师的荷兰老师之一。泰国的华德福教师培训课程不仅仅培训了很多泰国老师，也培训了很多其他亚洲国家的老师。其中，来自菲律宾的特里娜还在马尼拉创办了一所华德福学校。

揣达莎华德福学校的办学模式是我介绍过最多的一种成功模式。学校的创办人乌莎，她曾经拥有和经营一个三星级酒店和餐厅，餐厅只经营晚餐。于是，白天她把餐厅提供给一个民间组织做扫盲教育，很多从农村来城市打工的年轻人几乎都是文盲。同时，也做很多关于教育的讲座。乌莎在这里接触到了华德福教育，并希望为泰国的教育出些力。她把酒店的股份全部卖掉，只保留了餐馆和餐馆的那块地。

乌莎发动了她的在某家大公司任董事长的先生和一些著名的商人一起成立了一个基金会，按一所华德福学校需要的建筑物的标准建了一所学校。她还派了几个人去澳大利亚和新西兰接受短期的教师培训，回来一起从基金会那里租下全部的建筑物来办华德福学校。这所学校一开始该有的都有了，就是老师缺乏培训，同时，有荷兰老师每年来培训老师。当然，她的不差钱和有效率的运作，也招来了羡慕和妒忌，泰国人认为商人办华德福不靠谱。这样的事情如果放在中国也是一样的，这不难理解，只是让人感叹：人啊！你怎么了？

说到这里，应该回答为什么说泰国是一个动荡的和平世界了。我的印象是泰国人友善到不真实，跟泰国人打交道，不知道她（他）的自我在哪个地方，好像远远的。因此，这两所学校一开始就在泰国的和平世界里动荡飘摇。泰国第二所华德福学校——揣达莎华德福学校，开始时运作良好，可是，几年前，学校最终关闭。关闭后，一些老师和家长在别的地方集资建了一所叫揣帕特的华德福学校。泰国华德福学校的发展跟泰国的政治那样有意思。

4. 韩国，通过教育治疗历史疮疤

过去的历史疮疤不能成为教育下一代相互仇恨的材料，而是要通过教育去治疗这个历史的疮疤。

韩国在学习西方的技术和对外宣传自己方面还是有很多值得我们学习的地方。1998 年，德国驻韩国大使馆举行了一次加强德韩关系为主题的文化交流活动，这次活动的成果之一是在韩国创立了第一所华德福幼儿园和第一所华德福学校。从那时起，华德福教育开始在韩国落地生根，并影响到很多韩国老师和家长，也影响到了韩国公立学校的教育，甚至影响到韩国的整个教育界。第一所华德福学校，经过几次的名字更改和地点搬迁之后，于 2002 年在果川市落地，称为清溪自由华德福学校。韩国现在有 100 多所华德福幼儿园和 12 所华德福学校，其中，在首都首尔附近就有 5 所。

华德福教育运动在韩国开展的时候，韩国各地的华德福学校之间各自为政，处于互不合作和交流的状态，从英语国家留学回国的韩国人办的华德福学校，跟从德国留学回国的韩国人办的华德福学校互相不认可。韩国的老师去德国接受培训的较多，因此，华德福在韩国的发展受德国影响比较深。由于之前的不合作和不交流状态，好几次的亚太人智学和华德福教育大会都没有韩国代表参加。不过，2013 年首次在首尔举办的亚太地区华德福教育大会给韩国的学校带来了一次革命性的变化。这次韩国的 12 所华德福学校联合在一起，成立了一个会务小组来负责这次会议，而且这次会议到目前为止也是历年来规模最大的一次亚太地区华德福教育大会，参会的老师达到 500 多人，中国共有 160 多名老师参加了这次大会，而这次大会的最大成果是成立了韩国的华德福学校联盟。

2013 年在首尔举办的亚太地区华德福教育大会中，最有意思的一件事情是：韩国和日本的华德福高中老师组织了一个研讨小组会议，包括中国的十几名老师在内，一共有 40 多名老师参加。老师们互相交流如何跟华德福学生讲亚洲的近代史，如日本占领朝鲜半岛、日本入侵中国等。让孩子们去探讨这些历史的真相可不是一件容易的事情。老师们同意建立一个网站，以后继续交流。可是，老师们用什么语言交流也成为一个问题，即使用英语来进行交流也有很多障碍。日本和韩国的很多老师在德国学习华德福教育，他们英语不怎么好，其他地方没出过国学习的老师，用英语交流更困难。不过，老师们已经达成了共识，过去的历史疮疤不能成为教育下一代相互仇恨的材料，而是要通过教育去治疗这个历史的疮疤。

5. 其他国家和地区的华德福教育

华德福教育在世界的发展前景都非常好，且各有各的特色。

香港

1997 年 4 月，当我在英国爱默生学院的学习将要结束的时候，接到一封邀请信，邀请我去香港一起创办一所华德福学校。信中只清楚表达了一个愿望，却没有任何的细节。当时，我的第一愿望是去美国继续学习，可是，由于经济困难，没太大信心去美国。所以这份来自香港的信给了我第二个愿望。来信者是多年前在英国爱默生学院学习的香港人，毕业后旅居德国多年，并在德国成为一名艺术家。1995 年，她回到香港发展，希望在 1997 年建立香港第一所华德福学校。于是，她在香港设立了一个华德福教育基金会，希望通过基金会来筹款。

1997 年 6 月，我毕业后回国时决定经过香港，看看是否可能在香港工作。在香港短暂的几天，我看不到在香港发展华德福教育的可能性。香港是寸土寸金的地方，要买一块可以办学校的土地非常困难；同时，香港又是一个典型的商业社会，华德福教育在商业发达的香港发展非常困难。

　　有一名住在香港的英国人，从事了 26 年的蒙特梭利教育之后，回英国陪伴孩子上学时接受了华德福教师培训。2004 年，她在港岛的山顶，一家超市的二楼，开办了一所私立华德福幼儿园，主要针对在港外籍人士的孩子，用全英文教学，三年后在新界的西贡开办了第二家。同时，有一名留学澳大利亚的香港人也觉得应该为香港人办一所华德福学校，于是，她在新界的大埔租了一所农村旧房进行改造，先后办过孩子之家、亲子园、成人手工小组和华德福工作坊，现在已经发展成一个师资培训中心。另外还有很多热心教育的人士在不断努力，希望推动华德福教育在香港的发展。虽然，在商业发达和地少人多的香港发展华德福教育非常困难，但是，香港的多元化和自由的社会环境，给华德福教育发展提供了一个良好的人文环境。我相信华德福教育在香港的发展前景是非常好的。

新加坡

　　如果说在中国香港推广华德福教育很困难，那么在新加坡可以说是难上加难。新加坡跟中国香港一样，是一个商业发达和地少人多的城市。但是，新加坡不像中国香港那样自由，而且，新加坡的多元化是在严厉的法律约束下的多元化，如政府可以用专业市场和商业街的形式，开辟一个条街供给不同的宗教人士，让他们在这条街上办自己的教堂、庙宇等。从这点来看，我不得不佩服新加坡政府的管理智慧。

2000 年，我在美国获得华德福教育硕士学位之后，学生签证也到期了，正准备回国工作的时候，新加坡一位令我敬佩的女士邀请我去新加坡帮助她创办华德福学校。这位女士是新加坡汇丰投资银行有史以来第一位华人总经理，也是董事会里唯一的女性董事。可是，她提前退休并投入了全职的慈善工作。她在一个社区租了铺面并将之改造成老人托管所。她的先生每天早上到各个社区接那些独自在家的老人来托管所，晚饭前或晚饭后再送老人回家。很多老人是坐轮椅的，但是他们有特制的面包车，装卸轮椅都非常方便。她在美国看到我生活的老人社区之后，发现老人必须有小孩子做伴，于是，她邀请我去新加坡创办华德福学校。

于是，我去了新加坡两个星期，做了几场讲座，非常受欢迎。有了信心之后我开始申请我的工作签证和居留证，同时，也去教育管理部门申请办学许可。我们却得到了非常坚定的回答：非主流学校只能办给外籍学生，新加坡籍的学生必须上新加坡的公立学校。

我们后来又问能否办一所学校给那些不适应新加坡公立学校的学生，也就是说被退学的学生，因为在他们的记录里，全新加坡当时有 176 名失学的适龄学生。但只是不清楚这 176 名学生中有多少人在国外上学。邀请我的人也知道新加坡政府的"不允许"是毫不含糊和没有任何回转余地的。

马来西亚

我在新加坡碰壁之后，邀请我去新加坡的朋友非常内疚，她觉得自己之前做的功课不足，对不起我的努力，于是，她把我介绍到马来西亚。我又去了马来西亚的吉隆坡。当然，也是从做讲座开始，当时有一名从中国台湾来马来西亚的佛光山住持，他希望了解华德福教育，2006 年，这位住持也鼓励一名出家人去美国的日桥学院学习华德福教育。

马来西亚的华德福教育好像比新加坡更有希望，可是，讲座完了之后同样没了下文。我发现如果没有当地人主导，光靠我这样的外国人是不行的，我只好知难而退，回中国去了。后来，我才知道几乎在我回中国的同时，有一对在英国爱默生学院学习华德福教育的夫妻，他们回到马来西亚的槟城，在自己的家里开办了一所华德福幼儿园。不过，那位妻子（日本人）用日语教学，他们的大部分学生都是住在马来西亚的日本孩子。最近几年，马来西亚有一群家长和一些从澳大利亚学习回国的朋友开始创办华德福幼儿园和小学。

印度

1997 年，我第一次被邀请去印度参加亚太地区人智学和华德福教育大会。那时，我刚好要去美国求学。当时美国的学生签证只允许入境一次，离开美国再回来必须重新申请签证，而且还需要回中国去申请。想到签证问题我只好放弃了这个机会。第二次被邀请去印度参加亚太地区人智学和华德福教育大会是在 2004 年，我刚好回成都创办了第一所华德福学校，那时的工作非常繁忙，没有太多精力顾及，所以让一位学员朋友帮助申请印度签证。印度大使馆工作人员把我的护照寄回印度去办理。等我拿回护照的时候，会议已经结束一个星期了。第三次被邀请去印度参加亚太地区人智学和华德福教育大会是在 2011 年，我已经离开成都华德福学校，带孩子去加拿大上学了。由于孩子的需求而离不开，我和印度相遇的机会就这样一次又一次地错过了。因此，我对印度华德福的了解也就很有限。

印度的人智学和华德福教育发展非常特别，自一位名叫拉吉的教授于 1946 年创立了第一所私塾式的华德福学校，好几所类似的学校相继被建立起来。当时，第一所学校只有 8 名学生，这所学校以小规模的方式保持到今天。不过，印度的华德福教育也随着经济的发展在全国迅速发展。印度有 10 多所华德福学校，但由于印度的华德福学校缺乏组织性和互助精神，他们一直都是以单干的形式出现。大约 10 年前，一名旅居瑞士多年的印度人智学学者在印度发起了联合运动，通过学习班和研讨会形式，组织那些分散在印度各地的学者和老师一起学习和相互帮助，共同发展人智学和华德福教育。

越南

越南的华德福教育和中国一样，都是跟唐老师和本杰明老师有关。本杰明老师年轻时在越南当过英语老师，后来在香港的《亚洲周刊》当记者，他会讲流利的越南语。唐老师是在越南出生长大，20 岁的时候去澳大利亚留学，后来在澳大利亚定居。可是，越南毕竟是她的家乡，因此，很多年后，她把华德福教育带回了越南。唐老师在澳大利亚筹款资助越南的一个孤儿院，由一位修女带头在孤儿院里建了一所华德福幼儿园，后来发展到第二所。而唐老师也经常回越南帮助指导。

另外有一名越南外交官的儿子，在欧洲长大、上学，后来和一个法国人结婚并生活在瑞士，他是欧洲著名的人智学学者。他对越南的人智学和华德福教育的发展也起到了重要作用，他常常回越南的大学讲课，并在大学里开设了人智学的治疗课程，相信这个课程会推动越南的人智学和华德福教育的发展。

结束语

根据 2014 年德国华德福教育友好学会的统计，全球 60 多个国家中有 1093 所被认可的华德福学校，中国大陆被认可的华德福学校有 6 所。我只能介绍我看过的学校，广阔的俄罗斯和东欧国家的华德福教育也有相当发展，只是我没有去过，因为和那里的学校交往有限，无法取得太多的信息，所以无法介绍。墨西哥和南美洲的人智学和华德福教育运动与欧洲有密切的联系，由于那里讲西班牙语和葡萄牙语，交流不便，距离遥远，我对那里的了解也非常有限，只知道南美洲的华德福学校有一个共同特点：富裕的地方有自己的华德福学校，贫穷的地方也有自己的华德福学校，并且各有各的特色。